EL ENTIERRO DE LAS CONSIGNAS

Rubens Riol (Pinar del Río, Cuba, 1985). Investigador, ensayista, promotor y crítico. Licenciado en Historia del Arte por la Universidad de La Habana en 2009. Durante seis años se desempeñó como profesor del Colegio Universitario San Gerónimo, impartiendo conferencias sobre arte europeo de los siglos XIX y XX. En 2013 funda el proyecto *Equilátero (Cine-debate por la Diversidad Cultural)* y en 2014 participa en el Talent Press del Festival Internacional de Cine de Guadalajara. Es miembro de la Asociación Cubana de la Prensa Cinematográfica (ACPC), filial de la FIPRESCI, y de la Asociación de Estudios Latinoamericanos (LASA). Textos suyos han aparecido en numerosas publicaciones de Cuba, México y los Estados Unidos. Fue el compilador del libro *La caricia del látigo. Rufo Caballero: un ídolo imposible* (Ediciones ICAIC, La Habana, 2016). Actualmente reside en Miami, donde colabora con *El Nuevo Herald*, como crítico independiente en las revistas de entretenimiento *Galería 305* y *Viernes*; en esta última mantuvo su columna semanal «Lo mejor del cine alternativo», entre 2015 y 2016. Es editor cultural de la revista *Imagen* y miembro asesor del Comité de Selección Anual para Exhibiciones de Arte Público del Aeropuerto Internacional de Miami. Publica frecuentemente en su blog: *Sin Anestesia (críticas de cine, arte y cultura)*. *Cuentos de Anito Reverbero: El misterio de los pollos macabros* (2018) es su debut en la literatura para niños.

Rubens Riol

EL ENTIERRO DE LAS CONSIGNAS

Textos críticos sobre arte cubano

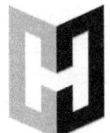

De la presente edición, 2018

© Rubens Riol
© Editorial Hypermedia

Editorial Hypermedia
www.editorialhypermedia.com
www.hypermediamagazine.com
hypermedia@editorialhypermedia.com

Edición y corrección: Ladislao Aguado
Diseño de colección y portada: Herman Vega Vogeler
Imagen en portada: Detalle de la obra *I Will* (1995), acrílico sobre lienzo, 36 x 48 pulgadas, de Rogelio López Marín «Gory».

ISBN: 978-1-948517-13-3

Todas las imágenes incluidas en este libro fueron cedidas por las instituciones y/o los autores aludidos en cada artículo, con el fin de promover las obras y los eventos.

Quedan prohibidos, dentro de los límites establecidos en la ley y bajo los apercibimientos legalmente previstos, la reproducción total o parcial de esta obra por cualquier medio o procedimiento, ya sea electrónico o mecánico, el tratamiento informático, el alquiler o cualquier otra forma de cesión de la obra sin la autorización previa y por escrito de los titulares del copyright.

A María del Carmen, Sofía y Osiris,
puntales de mi desvelo.

El arte es plagio o revolución.
Paul Gauguin

La lucha del hombre contra el poder
es la lucha de la memoria contra el olvido.
Milan Kundera

Las generaciones se definen
por la conducta de sus minorías.
Fernando Morán

LETRA Y SIGNO EN RUBENS RIOL

Que el arte cubano, dentro y fuera de las fronteras insulares, sigue provocando reflexiones críticas como parte de una enjundiosa y plural literatura, de un constante pensarse a sí mismo, lo refleja, con fortuna escritural, el primer libro (con textos propios, quiero decir) de Rubens Riol. Desde luego, que tal cosa suceda debería parecer normal, pues en cada panorama artístico nacional existe, obviamente, un correspondiente pensamiento acompañante a la creación simbólica; pero lo que quizá distinga o sobresalga en el arte cubano es la sostenida profusión de ensayos, libros, compilaciones de textos, catálogos y artículos que ven la luz cada año, gestando así una intensa y creciente reflexión sobre su estado. Resulta una suerte de diálogo permanente e intenso entre letra y signo, como lenguajes paralelos que actúan de vasos comunicantes.

Un tiempo atrás, al calor de la publicación de una voluminosa compilación de textos críticos sobre el arte insular, un crítico español llamaba la atención sobre dicho fenómeno, comparándolo con la situación de la crítica sobre el arte español, que él consideraba menos rica y consistente, a pesar de las diferencias en tamaño y antigüedad histórica y cultural entre uno y otro país.

Lo cierto es que, de manera permanente, el arte cubano continúa provocando una cada vez mayor y espesa literatura crítica, en un proceso inacabable de producción de sentido. Es como si para los historiadores y críticos de arte cubanos, donde quiera que estos residan y trabajen, resulta una necesidad vital comentar, examinar y desentrañar el lenguaje visual de sus compatriotas, amén de contextualizarlo. Este primer libro de Rubens Riol desborda dicha intencionalidad puesto que su visión crítica apunta, además, hacia el arte de otras latitudes.

El autor reúne en este volumen un conjunto de artículos publicados durante poco más de una década, incluso recoge algunos correspondientes a su etapa de estudiante universitario. Allí, en la Universidad de La Habana, por el año 2007, conocí a Rubens, cuando estudiaba la carrera de Historia del Arte y fui su tutor en la recta final de la misma. Rubens concluyó con las notas más altas. Estudiante brillante, uno de los más destacados de su curso y alumno de Rufo Caballero (quien era y es considerado entre los tres o cuatro críticos de arte más sobresalientes del país en las últimas décadas y un profesor venerado por sus discípulos), nuestro autor era entonces un joven inquieto intelectualmente y con una visible incontinencia de ideas y proyectos que presagiaba al hombre de la cultura, era obvio que deseaba ser crítico de arte y de cine con todas las fuerzas de su fervor juvenil.

Recién graduado en 2009, Rubens comenzó a trabajar en un espacio de promoción cultural en la Habana

Vieja, donde lideró un cine-debate que gozó de mucha aceptación, sobre todo, entre los públicos más jóvenes, mientras mantenía su vocación de crítico de arte. De esta manera continuaron gestándose los textos que ahora se recogen en el libro. Es obvio que el magisterio de Rufo Caballero ha estado presente en la escritura de arte de nuestro autor, para bien de él. El libro permite apreciar la transición entre el joven que debuta con sus armas críticas, reflejando múltiples influencias, y el crítico que ya exhibe una madurez temprana en el ejercicio del criterio. El volumen es la configuración de una mirada y una voz, quizá sea su valor más importante, pues soy un convencido de que si tan valioso y útil es seguir la obra de un creador plástico desde sus primeras exposiciones, no menos lo es apreciar la mirada y la voz de un crítico de arte desde sus libros iniciales.

La mirada de Rubens Riol es la de un curioso impenitente. Apasionado y dueño de una sensibilidad instruida que lo lleva a escudriñar con pertinencia diversas zonas del arte insular y de otras latitudes, su voz se expresa desde una prosa ágil, elegante y culta. Llama la atención la capacidad de síntesis que Rubens exhibe, quizá obligado por las urgencias y limitaciones del espacio editorial, pero definitivamente es un don que se agradece.

Sobresale la selección de artistas y obras (objetos de su atención), la fuerte presencia del erotismo y la sexualidad, la no menos importante presencia de las tensiones entre arte y política, tan sustanciales y orgánicas en el arte insular desde fines del pasado siglo y, por último, el sentido mayor: la vivencialidad del autor de cuanto habla en sus textos; Rubens nos comenta sobre lo que bien domina y en lo que está inmerso socialmente desde hace años.

La estructura por capítulos ayuda al lector en las búsquedas, las imágenes seleccionadas ilustran sobre los textos, el autor es un buen titulador, habilidad no muy corriente, por cierto; el libro se ofrece como un buen termómetro del arte más reciente en Cuba y sobre todo el flujo de este entre los escenarios artísticos de Cuba y Estados Unidos, cauce dominado por el mercado y la curiosidad recíproca.

Rubens Riol pertenece a una de las jóvenes generaciones de críticos de arte graduados en universidades cubanas, entre los que sobresalen Andrés Isaac Santana, Suset Sánchez, Janet Batet, Sandra Sosa, Píter Ortega, Hamlet Fernández, Grethel Morell y él mismo. Es apreciable en el volumen la forma respetuosa y rigurosa con la que el autor analiza las obras de otros colegas, Píter Ortega y Elvia Rosa Castro, autores a su vez de recientes e importantes títulos críticos.

El aporte principal de este conjunto de textos está, además, en mostrarnos la frescura y agudeza de la mirada del autor sobre el arte en general y sobre el insular en particular, y en la presentación novedosa de su original estilo de decir. A su práctica como crítico y promotor de las artes visuales, el presente libro ayudará, sin dudas, a darle una mayor visibilidad dentro y fuera de los Estados Unidos, país donde reside.

El título del volumen enfatiza en la oposición entre arte (con su alta carga de libertad y pluralidad semántica) y consigna política (con su poderoso efecto reductor y anestésico) en el escenario cubano actual, una tensión a la que el arte en sentido general y el insular en particular han dedicado sus mejores obras. Es como si el autor recordara aquella idea de José Lezama Lima de que solo en el arte el hombre puede encontrar la libertad absoluta.

No puedo finalizar sin expresar mi deseo y esperanza de que el próximo libro de Rubens Riol sobre arte esté conformado por textos más extensos y de fondo, donde vuelva a desplegar sus conocimientos sobre la materia.

Cada día se hace más difícil hablar con propiedad e inteligencia sobre arte, debido a las confusiones a las que nos conduce la absoluta estetización de la realidad y las complejidades que establece el denominado arte contemporáneo o posmoderno, en el que con frecuencia nos quieren hacer pasar gato por liebre. En el presente se hace muy difícil discernir lo que es arte (a pesar de lo que diga el artista) dentro de la enorme profusión de imágenes, objetos, obras y gestos que aspiran a dicha condición. En ese ambiente enrarecido en el que todos quieren pasar por artistas y todo parece caber en el variopinto constructo del arte actual, son necesarias miradas y voces como la de Rubens Riol.

Rafael Acosta de Arriba
La Habana, Cuba - Cali, Colombia, agosto de 2017

EL ENTIERRO DE LAS CONSIGNAS O LAS BARBAS DE LA BALLENA

I

Es siempre un placer indecible cuando un colega confía un manuscrito inédito a tu consideración. Manjar y laberinto insuperable que, en casos como este, nos permite adentrarnos en la evolución de su autor, desde las incursiones más tempranas donde predominan el peso narrativo e informativo que van cediendo paso a valoraciones más enjundiosas y personales que son, al fin y al cabo, el aporte de todo misionero encomendado al azaroso mundo de la crítica de arte.

A Rubens y a mí nos unen no pocos azares concurrentes —como diría el Gordo de Trocadero—. Ambos estudiamos Historia del Arte en la Universidad de La Habana y ambos comenzamos nuestras incursiones en el mundo del arte a partir del cine, consagrando nuestras tesis de grado al denominado séptimo arte. Cuando comenzamos nuestras carreras como críticos de arte, ambos también nos sumergimos —como espejo— en el arte contemporáneo más inmediato, ese que bulle a la par de nuestra existencia y cuyos peligros (aciertos, desaciertos, desafueros, frustraciones, euforia) son más difíciles de prever en tanto que hay un vínculo visceral ineludible que nos priva de esa mirada descansada —distanciada— que solo es posible con el paso del tiempo.

Ambos, en ese intento, dejamos de algún modo nuestra impronta en esa generación del arte cubano contemporáneo de la que fuimos partícipes en tanto sujetos de la vida cotidiana cubana y del quehacer artístico del momento. Y es este un extraño paraje —a medio camino entre juglar, cronista e historiador— que solo cobra su cabal lugar en retrospectiva.

Ambos también hemos compartido espacio durante años con otros colegas en «Galería 305», el suplemento dominical de *El Nuevo Herald* dedicado a la vida cultural en el sur de Florida. La labor reporteril que impone este medio implica una reformulación vital para el historiador de arte, entrenado en juicios críticos de peso donde la referencialidad al propio proceso artístico y la historia del arte son insoslayables. El medio periodístico, sin embargo, obliga a un nuevo enfoque. El reto certero de poder alcanzar un público más vasto es un privilegio que viene acompañado de la depuración de estilo. Esto obliga a un lenguaje mucho más coloquial y conciso, donde la puesta en contexto y la información imprescindible para el lector juegan en la cuerda floja con el punto de vista y juicio crítico del autor, en una arriesgada armonía donde el texto debe resultar placentero al tiempo que educativo. Sin lugar a dudas, es este el ánimo que motiva la mayoría de los textos incluidos en esta selección.

II

El entierro de las consignas se estructura a partir de seis capítulos o hilos temáticos. Cada uno de ellos es una zambullida en aristas disímiles de la producción artística cubana contemporánea en la que, de manera tangencial, se inmiscuyen artistas de otras nacionalidades sin por ello perturbar el eje central del volumen. Como en viaje circular, Rubens nos lleva desde el territorio íntimo y suficiente del cuerpo hasta el vasto paraje del paisaje en una travesía en espiral.

El volumen del cuerpo es una suerte de entrega no declarada. El cuerpo, como bien advierte Rubens en uno de los textos «coraza que oculta y fascina», es esa puerta a través de la cual el escritor se desnuda, quedando al descubierto para sus lectores. De hecho, es el cuerpo en tanto testimonio y continente, una de las líneas de investigación que ha obsesionado a Riol desde sus más tempranas incursiones en el mundo del arte. No es casual que sea este pues el *avant goût*, de El entierro de las consignas.

Esta es una compilación que el lector agradecerá. No asistimos a una crítica hermética sino por el contrario, a un afán de crónica que salpicado por comentarios de juicio permite al lector entender el sentido de cada exposición reseñada aun sin haber puesto un pie en la galería. Siendo la mayoría de los textos incluidos en este volumen, artículos publicados periódicamente, es lógico que sea este el tono de rigor.

Hay otro viso autobiográfico esencial que se trasluce a través del título mismo de esta compilación. La obra de Rubens Riol se inserta dentro de una generación bien peculiar. Hablamos de esa generación que llega a la edad adulta con el nuevo milenio. En el caso específico del acontecer cubano, esta generación crece en medio de la apatía, consecuencia lógica del desencanto y cinismo de la generación que le precede. Si bien a la generación anterior, esa de fin de siglo y dada en llamarse generación de los noventa, se caracterizaba —como giro para con su generación precedente— por el marcado cinismo y el uso de la metáfora y la elipsis obligada como herramientas al uso para la formulación de poéticas todavía centradas en la vida y sociedad cubanas del momento; en el caso de la nueva generación —esa de la cual Riol es exponente— el contexto inmediato no es ya el punto de mira.

Hay una suerte de negación del territorio. Para esta generación, los supuestos logros y gestas de la denominada revolución cubana de 1959 no son sino lecciones de historia lejanas, acogidas con entero desapego. Les asiste pues —cuando enfrentando la realidad circundante— una suerte de mirada antropológica no exenta de displicencia. Es esta la generación hija del post-comunismo y la globalización. Una generación que, busca insertarse en la palestra internacional, dominando la desterritorialización temática y el éxito comercial.

III

Hay otro azar concurrente no menos crucial que compartimos Rubens y yo a la par con tantos otros coterráneos. Ambos, como Jonás, fuimos en un momento dado arrojados de las fauces de la ballena para seguir nuestro periplo y cometido allende el mar.

La pérdida del enclave originario obliga a la revisión identitaria que deviene con el paso del tiempo, poliédrica. Cuba asoma como una arista definitoria dentro de esta nueva identidad marcada por nuevos espacios vivenciales, nuevas lenguas, culturas otras que devienen parte de nuestro acervo vital. Y como buen cetáceo, toda nueva experiencia es digerida, de modo selectivo, enriqueciéndonos y redefiniéndonos a cada instante. Es un placer pues, este libro que nos tiende Rubens, gracias al cual podemos adentrarnos en las barbas de la ballena.

Janet Batet
Miami, verano de 2017

LA CRÍTICA DE ARTE COMO EJERCICIO DE CONVERSACIÓN

Mi querido Rubens:

Aprovecho esta tranquila tarde de sábado para satisfacer la escritura de ese prólogo que tan amablemente me has pedido y que asumo no como un acto de responsabilidad, que precede o debería preceder cualquiera de los textos que resultan de esa extraña alquimia, manifiesta en el ejercicio de la crítica; lo asumo, por el contrario, como expresión de un goce que me llevará a decir —si acaso— un par de ideas más o menos propias sobre la que considero una de las voces más interesantes de la crítica cubana estacionada lejos de los contornos lábiles de la isla.

Sabes que no debía ser yo quien firmara este texto. Es, de hecho, una osadía considerando que debió ser Rufo Caballero el prologuista, en tanto tu mentor, quien estimulara este lúcido, sagaz y elegante repertorio de páginas en las que se expone la subjetividad de un crítico, cuyas virtudes más relevantes son su inteligencia y su versatilidad. Pienso ahora en ese amigo nuestro que marchó hacia ese otro lugar en el que, seguramente, la seguirá liando. Pienso en él, insisto, porque, aunque muchos le nieguen, su hacer y su decir crearon escuela para toda una generación de jóvenes críticos salidos de las aulas de Artes y Letras. Tú y yo, con apenas unos cuantos años de diferencia, qué duda cabe, pertenecemos a ella. Fuimos testigos directos de su genialidad y del éxtasis barroco de su escritura, seguimos el camino de ese aprendizaje y perpetuamos en la constancia y en la sistematicidad del ejercicio crítico su gran lección.

Cuando te leo, descubro viva su enseñanza. No por similitudes, paralelos o vicios en el decir; sino, porque advierto en ti, resuelto en el cuerpo mismo de tu escritura, una de sus exigencias más recurrentes: *la implementación de la crítica como un permanente ejercicio de conversación.* Tu letra se soporta sobre un pensamiento ágil y una maniobra narrativa que dejan ver el amplísimo repertorio de fuentes teóricas y de lecturas culturales que manejas. Sin embargo, y es ahí donde estimo reside una de tus más elevadas virtudes, el saber anterior no se usa como un cuerpo esclerotizado que se aviene al nuevo objeto de la interpretación. Sabes hablar con el objeto de tu mirada, ya sea para leer las obras que nacen de las prácticas artísticas contemporáneas o para escudriñar en la prolijidad semiológica del lenguaje que cifra el discurso cinematográfico, tu otra gran pasión.

Existen galaxias escriturales que se orquestan a tenor de los textos críticos por una amplia nómina de autores contemporáneos y en muchos de ellos solo leo juegos de palabras o construcciones teóricas carentes de pasión o desprovistas de esa facultad dialogante sobre la que ha de fundarse el ejercicio de la crítica, entendido este como un acto de interpretación y de creación en sí mismo, con independencia de sus funciones comunicativas. Tu escritura deja ver al sujeto que está detrás y que ejerce el derecho de decir y de pensar bajo la gracia de una mirada propia que, pese a su juventud, ha consolidado un crédito de prestigio.

Han sido precisamente esas encrucijadas del ejercicio, el tránsito de un medio a otro, la permuta de geografías, el satisfacer otras demandas, el llorar en silencio ante la aspereza del entorno ajeno, lo que te ha convertido en el crítico que eres: un escritor camaleónico, versátil y fino en el uso de los artificios de la enunciación, elegante en el decir, sofisticado y eficaz.

Los textos aquí reunidos podrían leerse, a raíz de lo que aseguras, como apuntes al paso de una biografía: la tuya. Lo mismo que tú, yo he debido hacer de la crítica un estilo de vida, un modo de permanecer y de existir, un ejercicio de constante emancipación. A los tiempos duros en los que algunos creyeron que iba a rendirme, antepuse la voluntad de escribir, aunque tan solo fuera para dar cuenta de lo mal que iban las cosas. Entonces el arte sirvió, una vez más, como terapia, como espacio para aliviar el dolor por la ida y el abandono.

He sido testigo en la distancia de tu evolución como crítico fuera de Cuba; también lo fui —gracias a las redes sociales— de tu estancia allí practicando una docencia bajo el signo de un aprendizaje dialógico y cruzado en el que los protagonistas da cada historia ponían voz a su propia voz. Y ha sido ese seguimiento el que me ha llevado a valorarte más, si cabe. Este cuerpo de textos, organizado en capítulos brillantemente titulados, revela, entonces, tu condición y tu valor. Mientras otros vacilan entre los subterfugios de una existencia convencional, tú has optado por la certificación del valor del texto como fuente y afluente de resistencia. Ni la soledad, ni los anuncios de profetas y agoreros trasnochados, nos llevarán a la desesperación final o al suicidio. Ante esa posibilidad, que no es tal, se levanta erguida la razón que nos dibuja y nos determina. Noto en ti una necesidad, casi obsesiva, de escribir, en el formato que sea. Tal necesidad se traduce en voluntad, en capacidad, en permanencia, en un acto de resistencia sostenido sin el cual el pensamiento naufragaría en arenas de soledad. De esa voluntad, sin ir más lejos, ha nacido este libro. Un volumen que otorga, de facto, mayor visibilidad a tu escritura dentro y fuera del contexto de su realización.

Casi todos estamos de acuerdo acerca de lo absurdo del papel reservado a nuestro país, al que por masoquismo u otros motivos (también sórdidos), algunos encuentran sobrados méritos y justificado valor. La realidad entonces se presenta como el espejo más elocuente donde el fracaso observa su rostro. Habiendo leído no pocos libros y titulado muchos ensayos, advierto este título como el mejor de todos los títulos. Es, de por sí, una radiografía, un electrocardiograma, una imagen rotunda que revela el estado de una nación, la itinerancia de una gran frustración.

Perteneces a una generación de críticos e historiadores que ya no conoció la UTOPÍA más allá de su existencia como figura literaria. La idea de que el mañana será mejor, que el futuro sería luminoso dejó de tener sentido en el contexto que te vio nacer como profesional de la escritura y depositario del pensamiento propio. *El entierro de las consignas*, resulta una representación —afirmativa— de esa muerte; es la revelación del descrédito sin que por ello se extraviase la gracia de la ironía o el gusto por la parodia, recursos permanentes en la consumación de tu estilo.

Convencido de la futilidad de los *slogans*, de las consignas, de los llamados populares, de la masificación del ego, de la búsqueda de una realidad ilusoria que ocultase el rostro de la verdad, tu letra se revela radical y divertida, irónica y mordaz, inteligente y sobria. El desgarramiento y las fatigas de la esperanza están en la base de ese título que desde ya deja de serlo para convertirse en el pasaporte nuestro. Es en ese rechazo donde, paradójicamente, habita el *sino* de nuestro drama. Nuestra realidad intelectual (tu realidad) pulula, irrefutablemente, entre el instinto de conservación de aquello que somos y el gusto, casi siempre justificado, por la tragedia. Ante tal exigencia sociológica no queda otra que seguir haciendo cosas: haciendo pensamiento, haciendo escritura, haciendo libros y haciendo crítica como expresión de algún tipo de política. «Vale más hacer y arrepentirse, que no hacer y arrepentirse», esto escribía Maquiavelo hace ya algún tiempo. Sobrada es la razón que descansa en sus palabras. He visto a muchos que hablan sobre lo que harán y no hacen nada, que especulan sobre su gran obra sin tener aun la primera de esas obras. Tú, en cambio, te has decantado por la eficacia del hacer en lugar del espejismo del decir.

Nazcan de donde nazcan, y bajo el pretexto que sea, todos los absolutismos se parecen y se encuentran, al cabo, en el mismo lugar de la historia. Ese donde reinan la intolerancia y la autoridad ejercitada. Revelarse ante ellos ha sido, desde siempre, una reacción de los intelectuales que entienden «el hacer» como la expresión de un hecho cultural de dimensiones políticas. Es por ello que este ensayo, en su totalidad narrativa, resulta nocivo a la permanencia y a la mentira de ese sistema, a sus prefiguraciones doctrinales, a sus dogmas y a sus leyes.

Seguramente, estoy convencido de ello, algunos periodistas, críticos y reporteros de la banalidad, dirán que este es un libro pertinente, propio, oportuno… Y yo celebro, en cualquier caso, que sea todo lo contrario, un libro impropio y desobediente.

En la decencia de lo correcto habita el eterno flagelo de lo mediocre. Este libro es todo menos lo último. El presente volumen, junto al de otros jóvenes críticos cubanos, desperdigados por este mundo, fija el itinerario para seguir la pista a la(s) narrativa(s) de la nueva crítica cubana.

A todo esto he de sumar una confesión: nunca antes me habían pedido un prólogo (risas). De ahí que ni siquiera me veía a mí mismo lidiando con ese formato y sus exigencias, lo que llevó a decidirme por esta carta, escrita desde la admiración y el cariño.

Te abraza fuerte,

Andrés Isaac Santana
Madrid, sábado de septiembre, 2017

ESCORZO FRENTE A UNA VALLA ANUNCIADORA

Cuando analizo en retrospectiva mis modestos esfuerzos literarios en poco más de una década de trabajo sostenido y creciente, solo puedo corroborar mi propia versatilidad como crítico, esa condición dual que me ubica entre la comprensión intuitiva de las artes visuales y mi furor —obsesivo, casi patológico— por el cine. Entre esos dos abismos de la cultura oscila mi existencia creativa, sin contar los acercamientos juveniles a las artes escénicas. Quizás solo me faltó escribir sobre una función de circo, de ballet o de ópera. Y lo habría hecho con la misma pasión, la misma intensidad.

Este libro es un reflejo de todo eso, de quién soy, y de lo que he hecho. Es una mezcla rara de mi trabajo inicial (precoz), cuando aún era estudiante y colaboraba, tímidamente, con algunas publicaciones cubanas; mi desarrollo personal como profesor universitario durante seis años de experimentación docente y mi fogueo como esclavo voluntario y dichoso de la prensa escrita norteamericana. De ahí que podrán observar la evolución de mi estilo en la escritura sobre artes plásticas, casi siempre por encargo, que va desde la inmediatez y la ligereza de la noticia como hecho cultural e informativo, pasando por ciertos amagos poéticos y reseñas promocionales en publicaciones masivas, hasta la pedantería académica e historiográfica del ensayo especializado.

Con el tiempo y el oficio, el lenguaje se fue haciendo orgánico, las opiniones más reposadas y el tono irónico tuvo que disfrazarse con la primera persona del plural por exigencias editoriales, aunque allí siempre quedaron los ecos de mi voz transfigurada, en balance desigual; entre la objetividad y la ficción, entre el calor cientificista y la poscrítica más vehemente.

Mientras seleccionaba los textos que conforman esta compilación, noté un interés recurrente del que solo ahora tomo conciencia: huir de los paradigmas ideológicos impuestos, al tiempo que hacía catarsis mediante la obra de los artistas. Cada una de mis interpretaciones redundaba en el rechazo al control, la vigilancia y todo lo que oliera a la estandarización del comportamiento individual. Llegué incluso a acuñar el sintagma de la «paranoia cederista» para referirme a la censura infundada y absurda de los medios oficiales sobre los repertorios más creativos de la Isla.

Mi desdén por la sospecha ridícula, castrante, y el fantasma soviético de la representatividad se hicieron palpables. De ahí mi escorzo ante esa valla anunciadora, capital y refugio de las consignas. Por lo que muchos de los textos incluidos en este volumen rondan la tensión entre el arte y la política. Lo cual no es nuevo, pues entiendo que los artistas siempre se las han ingeniado para desmontar sistemas, proponer salidas y mitigar silencios e injusticias.

El libro está estructurado en seis capítulos o unidades temáticas, dentro de los cuales procuré mantener un ordenamiento cronológico. Allí me ocupo, en primer lugar, de ciertas cartografías del deseo y la representación del cuerpo desnudo en el arte; obsesión número uno de mi carrera, pues mi tesis de licenciatura, que algún día será también un libro, proponía un acercamiento a la desnudez en el cine cubano como mecanismo de identificación cultural. El segundo capítulo, como ya había anunciado, constituye el plato fuerte, pues me refiero a los discursos de artistas más inconformes, beligerantes, y su relación con la experiencia socialista. En este apartado encontrarán, además, testimonios de artistas cubanos como Rogelio López Marín, «Gory», y Tomás Esson, representantes de la mítica generación de la plástica cubana de los ochenta, exiliados en los Estados Unidos; a los cuales entrevisté ocasionalmente para *El Nuevo Herald*, entre muchos otros creadores.

En tercer lugar, esbozo la relación entre la crítica de arte y los artistas, reseño un par de libros sobre artes plásticas de colegas como Elvia Rosa Castro y Píter Ortega Núñez, diserto sobre la función social de la crítica y la suerte de los autores más jóvenes, así como sobre importantes eventos en La Habana o Miami, como es el caso de la Feria Internacional de Art Basel. Luego, me entrego por completo a la monografía de grandes íconos de la historia del arte, como Andy Warhol, Chuck Close o Ana Mendieta, entre otras figuras de la *mainstream*; a propósito de muestras antológicas recientes, organizadas por grandes museos en el sur de Florida. Aquí no pude evitar el rubor y la fascinación ante la obra de exponentes tan célebres, cuyas poéticas expliqué durante años a mis estudiantes en La Habana, de modo que fue como regresar al aula universitaria y revivir mis clases sobre las estrategias narrativas del arte posmoderno.

Por último, dedico un espacio a ese género pictórico, académico y tradicional, que es el paisaje (en todas sus variantes): rural, marino o urbano, desde los aportes lingüísticos de un grupo de pintores cubanos y extranjeros, de distintas generaciones, con ideas propias, que hacen de este capítulo uno de los más agradables de leer, además de disfrutar de las portentosas imágenes que lo ilustran. Emergen de estos textos, nombres como Leopoldo Romañach, Luis Martínez Pedro, Luis Vega, Alan Manuel González, Hander Lara y Arturo Prins, por solo mencionar algunos. Aunque el volumen realmente termina con un panorama de estéticas insólitas, que constituyen el paseo de domingo por una galería en la que vamos descubriendo operatorias, técnicas e ideas sorprendentes acerca del arte.

Quiero agradecer a mis primeros editores y colegas de *Upsalón* (Revista Estudiantil de la Facultad de Artes y Letras de la Universidad de La Habana): Haydée Arango, Leonardo Sarría, Claudia Felipe, Jamila Medina y Ariel Camejo, jóvenes de la cultura que estimularon mi vicio por la lectura y la publicación constante. Dicha lista se engrosa con otros nombres de mi generación como Deborah de la Paz, Alain Hernández y Andrés Álvarez del tabloide *Noticias Artecubano*, cuyo trabajo y esmero para que los artículos compilados aquí conserven aún el mismo brillo, también está presente en estas páginas; así como la colaboración de otros especialistas de diversos medios de prensa cubanos que supieron crear un diálogo vinculante y creativo.

Agradezco al crítico de arte y amigo virtual, Andrés Isaac Santana, por su especial recomendación en la distancia, allá donde vive; lo cual decidió no solo mi suerte editorial en Miami, sino también el camino de mi madurez profesional, a quien agradezco también por su valioso prólogo en forma de confidencia epistolar. A Miguel Sirgado, Natacha Herrera, Germán Guerra, Maru Antuñano y Venecia Mayrant de *El Nuevo Herald* por la complicidad y las grandísimas oportunidades, que me convirtieron en periodista, en reportero y, sobre todo, en un gladiador que ha cambiado —feliz— su tiempo de dormir por la escritura.

Gracias a Ladislao Aguado, director de la Editorial Hypermedia, por su decisión de materializar este sueño literario, con el que celebro más de una década de carrera. A Rogelio López Marín «Gory», por cederme la imagen de portada, evocación nostálgica, dulce metáfora de este entierro. A Rafael Acosta de Arriba, uno de los expertos en artes visuales más respetados de Cuba, por su interés, compromiso y por la mágica sobriedad de su prólogo. A mi colega Janet Batet, por la candidez de su discurso, reflejo de su incondicionalidad. A Píter Ortega y Suset Sánchez por la contundencia de sus valoraciones. A los artistas Mario Bencomo, Arturo Prins, Alan Manuel González y Luis Vega, por sus muestras de humildad y gratitud. A mi padre Amable Riol y mis amigos José Dairon Bejerano e Ivette Peña por sugerirme que aspirara a la carrera de Historia del Arte (pocas decisiones me han hecho tan feliz). Y a todos los que me han visto inmolarme, crecer y seguir soñando.

El Autor
Coral Gables, Miami, abril de 2017

CAPÍTULO I

CUERPOS DE GUARDIA: CIERTOS DISCURSOS DEL DESEO

UN QUIJOTE DESNUDO EN LA MEMORIA

Puesto que este año se celebra el aniversario cuatrocientos de que Miguel de Cervantes y Saavedra escribiera *El Ingenioso Hidalgo Don Quijote de la Mancha*, resulta interesante otra forma de acercamiento a dicha obra, cuyo protagonista ha sido motivo recurrente de inspiración para el mundo entero. Su presencia se ha hecho notable, independientemente de la literatura, en diversos campos de la creación artística. En Cuba su imagen ha ganado un lugar significativo, pues ha sido representada más de una vez por múltiples artistas que, rendidos ante su nobleza acuden a estilos y tipologías sorprendentes para homenajearlo.

    La plástica cubana le ha reservado un lugar especial dentro de la escultura. Un ejemplo de ello es *El Quijote de América*, una obra que conmemora al errante hidalgo y que ha sido halagada en más de una ocasión. Incluso nuestro Poeta Nacional, Nicolás Guillén, dedicó varias páginas de su *Prosa de prisa* para festejarlo. Y es que lleva tanto tiempo ahí, como si hubiera caído del cielo o germinado de las mismísimas entrañas de la tierra.

Situada en la plaza que lleva su nombre, entre las calles J y 23 del Vedado, y realizada en 1980 por Sergio Martínez Sopeña (La Habana, 1930-1988), se trata de un trabajo singular y un tratamiento iconográfico, novedoso, en el ámbito hispano, al mostrar al protagonista desnudo sobre un Rocinante en arriesgada postura.

Todo comenzó en 1967, cuando Sergio participó en un Salón Nacional de la UNEAC con un Quijote pequeño, ejecutado en chatarra. Allí fue ganador del segundo premio de escultura y su intención quedó clara en sus propias palabras: «Yo traté de dar una versión nueva del Quijote. Para empezar lo actualicé en cuanto a las armas y cabalgadura, le puse ruedas de bicicleta, lo motoricé y le armé con una ametralladora en sustitución de su adarga tradicional».[1] A partir de entonces, y después de leerse el libro de Cervantes, empezaría a trabajar con frecuencia. «Sí, me apasioné, y he continuado con una serie de trabajos a partir de tal estímulo», expresó en una entrevista que se le hiciera en aquella ocasión. Durante diez años se mantuvo trabajando el hierro; sin embargo, había estado como cuarenta en la escultura y, más que escultor, se autodefinía como herrero debido a su preferencia por los metales.

Años más tarde sería inaugurada la obra de marras en un acto en el que fue presentada una nueva edición del libro, además de ponerse a la venta un grabado sobre el Quijote concebido por el joven artista de la plástica Carlos Uribazu. Al acto fueron invitados Juan Moreira, ilustrador del libro y el escritor Salvador Bueno.

El parque se diseñó en función de la pieza, como parte de las labores de animación urbanística desarrolladas

---

[1] Expediente del artista en el archivo de CODEMA, consultado en La Habana en octubre de 2005.

por esos años. La ejecución de la obra tardó cinco meses y colocarla en el sitio se fue dilatando hasta que, por fin, el ingenioso hidalgo volvió a cabalgar sobre su rocín detenido en alambrón, al cual le fue aplicado barniz marino para protegerlo de la intemperie. Junto a creaciones como esta hay que considerar también las estructuras abstractas y ornamentales diseminadas por parques y zonas de expansión. Pero no pensemos que esa orientación ha hecho desaparecer las referencias conmemorativas. Para ello la política monumental selecciona aquellos personajes o acontecimientos que encarnan los valores de un determinado modelo social, y así quedan fijados de forma permanente y su exposición pública los convierte en referencia obligada e imitable.

El Quijote de América es una estatua ecuestre de 4,30 m de altura y 2 toneladas de peso, realizada en la técnica de metal directo, o sea, material de producción nacional (alambrón y varillas de hierro de origen industrial con electrodos de soldadura eléctrica), en estructuras paralelas y radiales que configuran los distintos grupos musculares recubiertos con barniz antiferroso. Hay que verlo erguido y brioso en su flaco corcel —que se eleva sobre sus dos patas traseras—, sosteniendo las riendas con la mano izquierda, y llevando en la derecha un machete. El pecho henchido con el costillar al aire, montado al pelo, y la crin de Rocinante hirsuta con la cola en alto. Su ferrosa piel, hecha jirones, origina en el transeúnte la sensación de lo que ha sido erosionado por el tiempo.

Este Quijote escultórico posee el mérito de unificar un símbolo de historia y de cultura con la condición estilística, moderna y personal que lo caracteriza. Constituye, además, la épica y eufórica interpretación de uno de los personajes más universales de la literatura castellana y, a la vez, la síntesis de un camino profesional en el trabajo artístico. Con ella se adiciona otra a las ya conocidas visiones del arte latinoamericano sobre Don Quijote, aunque para Sergio Martínez su imagen era mucho más que una referencia a la novela de Cervantes. Esta escultura deviene retrato alegórico de un ejemplo popular, auténtico y soñador. Se rinde así un modesto homenaje a todos los hombres que, sin medir el tamaño de los molinos de viento, son capaces de sacrificar bienestar y comodidad, hasta sus últimas consecuencias, con espíritu de justicia.

Para Sergio, su desnudez lo hace escultóricamente más bello y da una imagen universal próxima a su espíritu redentor. El color oscuro lo identifica con el personaje del mambí, y en su mano no lleva la adarga, sino el machete de nuestros titanes. Algunos se preguntan sobre el pelo largo, y podría ser que refleje la imagen de los guerrilleros, y la de nuestro pueblo inmerso en las movilizaciones de los sesenta, cuando los sucesos de Playa Girón y de la Crisis de Octubre. Al autor no le interesaba la imagen pintoresca del «caballero de la triste figura», a quien consideraban loco, sino aquel ímpetu que muestra su disposición para desfacer entuertos.

Sin embargo, a pesar de la relevancia que esta escultura ha obtenido en el corazón mismo de la ciudad, hay que reconocer que desde su inauguración han existido numerosos factores que atentan contra su imagen. Tal es el caso de la base en la que se encuentra, que tiene muy poco que ver con la obra; la iluminación precaria y mal distribuida o el círculo de bancos (como para que se aprecie más de cerca), que limita su efecto, a tal punto que, el caballero pareciera arremeter contra los espectadores como si representaran una amenaza.

Existen otros Quijotes hechos por el propio Sergio, como el del Parque de los Pioneros «Che Guevara» y el del conjunto escultórico de Varadero, donde aparece Don Quijote junto al burro de Sancho, cuya ausencia —de este último— es lógicamente aprovechada por todos. Pero no es Sergio el único artista que ha representado al Quijote. En todo el país hay dispersas muchísimas esculturas que aluden a este personaje, ya sea de pequeño, gran formato o a escala monumental, como el de J y 23. En nuestra Isla se ama incondicionalmente al Quijote, y no habrá nunca una última vez para los artistas que gustan de representarlo, pues resulta el más rico y noble homenaje que se le pueda rendir a la obra de Cervantes, «el soldado que nos enseñó a hablar». Ojalá no haya que esperar otro siglo para recordarlo y sentirlo de nuevo entre nosotros.[2]

---

[2] Artículo publicado en *Upsalón* (Suplemento especial), diciembre de 2005, pp. 18-21.

EL HUECO QUE DEJAN LAS PALABRAS

La piel de esta Isla es un desván, donde habitan —promiscuamente— la noche, el pueblo y las consignas. Tal pareciera que la vida no se disfruta, se padece. ¡Y este calor que levanta ronchas por todas partes! Tiempos de asfixia que pasaron, vidas truncas que se quedan (por la fiebre y los excesos). ¿Dónde poner la almohada y la rodilla, si no en la trinchera? Y después de los cercos y el derrumbe, ¿volverá el escombro a su sitio y cobrará luz sobre las multitudes?

Palabras, muestra personal del fotógrafo Eduardo Hernández, propone una línea discursiva que se aparta por mucho —que no radicalmente— de su narrativa tradicional. Sus desnudos masculinos esta vez no se insinúan, posan con otro fin menos lúbrico. Y el latido homoeréctil se derrite entre palabras de rojo y negro, que pierden a los hombres más puros. Palabras que dejan un hueco extenso en la memoria. Palabras tremendas, que llevan sobre sus hombros el peso de la Isla.

La muestra está conformada por siete piezas de gran formato, logradas a partir del fotocollage (técnica que de manera recurrente emplea el artista para potenciar la carga simbólica de su discurso, mediante la incorporación a la superficie de recursos matéricos diversos) y una videocreación, que sirve de «complemento» a las ideas expuestas en las obras bidimensionales. El añadido, esta vez, son palabras y frases enteras recortadas escrupulosamente de las páginas de los diarios nacionales, que destacan la función del papel periódico en su invitación a las masas (poder de convocatoria) y su compromiso con la verdad, marcas que atraviesan la cotidianidad del cubano y su existencia toda.

A través de *Palabras,* el autor habla con sabiduría dolorosa de su condición, de su universo personal, pero lo hace —esencialmente— como «individuo sentado en lo cubano», que vive de frente a su realidad histórica. Un universo personal donde el sujeto ha sido presa de contradicciones existenciales (pugna ancestral entre lo individual y lo colectivo, lo personal y lo social), que se traducen en seguir las normas, acatar órdenes y borrar los sueños. ¿Resignación? Podemos inferir entonces que el único momento en esta sociedad machista y homófoba en que «el calor entre hombres no hincha» es precisamente aquel en el que hay que integrarse a la muchedumbre y avanzar sobre el enemigo, reafirmando la moral combativa y los principios revolucionarios de nuestro pueblo.

Palabras clave, palabras duras acumuladas durante toda la vida. Confesión —antes desesperada, que póstuma— de una sensibilidad que huye de la represión y del hartazgo. Quizás por ello, uno de los posibles gestos de la exposición sea también amparar las voces que fueron silenciadas con anterioridad por la censura; por lo que el artista imita, reproduce y parodia el discurso de poder que antaño mutilara deseos y libertades (anclado en estereotipos y prejuicios de toda índole). Palabras heredadas del Campo Socialista que se han vuelto endémicas, como especies de animales y plantas. Palabras que convidan a reunirse en el ágora con los otros, que no *el*

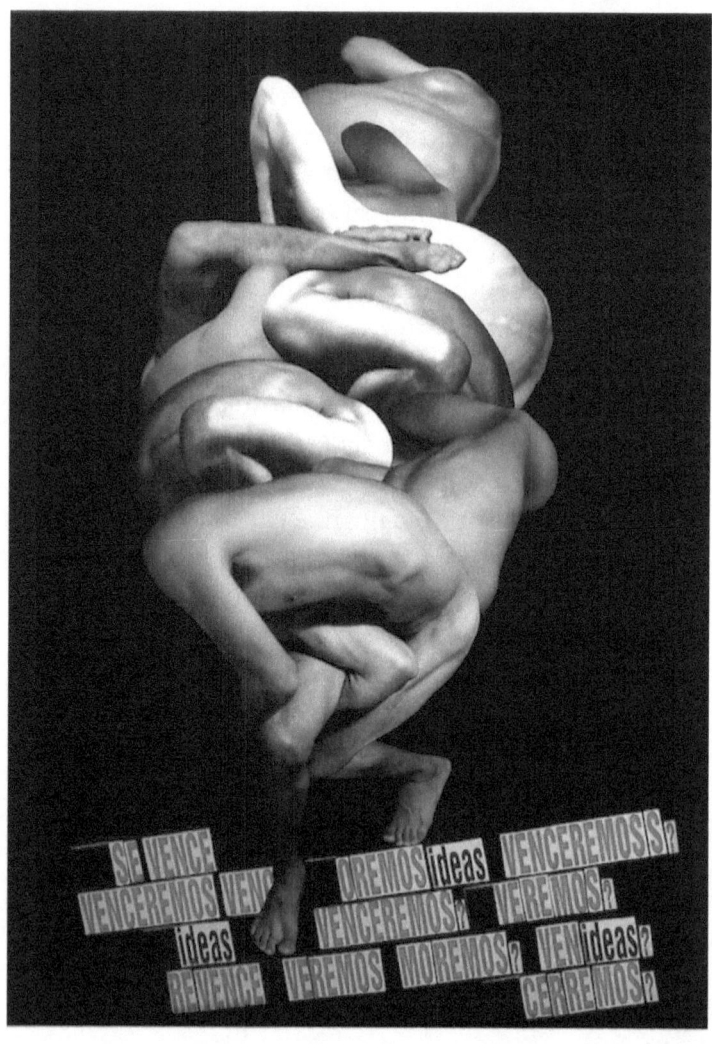

Masa cárnica (2008), fotocollage, Eduardo Hernández.

otro (indefenso y frágil), que también construye la Nación —dispuesto— y se prepara para defenderla, aun consciente de haber vivido atado a ordenanzas y prohibiciones.

Palabras viriles, sopa de palabras, crucigramas al acecho de cuerpos vulnerables y anónimos, que se funden en un abrazo y se repliegan. Orgías inocentes que no conocen la culpa, ni el remordimiento, pero sí el castigo, el ultraje. Pocas piezas, pero muchas palabras juntas, palabras suficientes, que permiten apreciar, en *Masa Cárnica* y en *Caja de Pandora*, por ejemplo, cómo se hace patente la pérdida de la individualidad en medio de la vorágine social y la introspección creciente del sujeto, que padece sus propios conflictos, respectivamente. *El ciervo herido* es otra de las piezas interesantes, pues representa a un «extraño San Sebastián» martirizado por varillas sutiles, que llevan banderas cubanas sujetas a media asta —símbolo que conduce a múltiples interpretaciones—, y habla, en primer lugar, de la condición insular que proyecta el cubano, sobre todo, cuando está lejos de su Patria. Condición, que lo trasciende y lo distingue del resto de los grupos humanos, porque lleva en su cuerpo su país.

Las palabras son símbolos que sufren desplazamientos (mutaciones de significado) y, de acuerdo al contexto en que sean empleadas, serán útiles u ociosas. El artista se detiene a analizar, en *Tiempos de soldado*, el imaginario del cubano obsesionado con el enfrentamiento, la preparación para la defensa de un país en constante amenaza; lo que ha traído como resultado la apropiación por parte del habla popular del lenguaje bélico. De ahí la importancia que tienen vocablos como «lucha», por su aplicación a la vida cotidiana de un sujeto (entiéndase también la sociedad en su conjunto), abrumado por carencias que conducen a un camino donde «el fin justifica los medios».

Cada pieza aborda y sugiere un universo distinto de interpretación, donde las palabras descubren conceptos y referencias inherentes a la experiencia del cubano (para nada exclusiva del sujeto hegemónico), válida entonces para el resto, aunque sean en alguna medida portadores de la diferencia. La belleza formal de estas obras es el resultado de una cultura visual vastísima y sofisticada, de la adecuada selección de los cuerpos y los materiales a partir de una sensibilidad especial (no exenta de un perfeccionismo crónico) y el arribo inevitable del artista —por sus años de oficio, casi veinte— a un momento de madurez en su carrera. Pero sería hipócrita afirmar que todas las obras corren igual suerte estética. Me refiero en particular, a la «pertinencia» de *El Muro* (videoarte al que hice referencia), cuya función, aparentemente, es la de reforzar el discurso sostenido por las demás piezas, que son ya bastante contundentes, por lo que se me antoja como un gesto retórico, por su voluntad de repetir —aunque desde un soporte diferente— el mismo mensaje, quizás agotado antes de manera efectiva. No obstante, *Palabras* deviene espacio propicio para la reflexión y la catarsis, la indagación sentida y profunda desde un enfoque, no solo visceral, sino también sociológico, que completa su sentido cuando tiene delante a los espectadores, verdaderos protagonistas de la historia que cuenta cada una de las palabras.[3]

---

[3] Artículo publicado en *Noticias Artecubano*, No. 5, mayo de 2008, Año 9, p-7. Premio Único en la Segunda Edición del Concurso Estudiantil de Reseñas en la Jornada Científica de la Facultad de Artes y Letras de la Universidad de la Habana, 24 de abril de 2008. Este texto también formó parte del ensayo inédito: *El deseo proscrito (una mirada pene-trante). Acercamiento crítico a la obra fotográfica de Eduardo Hernández Santos*, que obtuviera premio del Instituto Cubano de Investigación Cultural Juan Marinello, en la misma edición de dicho evento.

CUANDO UN GRITO DE AUXILIO ES SOLICITUD DE PLACER

Una mujer sola se complace y deja lista la entrepierna. Con una mano humedece el sexo que se abre a la mañana y con la otra convida al extraño visitante —un cliente fino— a deshacer el lecho que dejaron servido como una mesa. Ahora las sábanas son manteles, y estas ganas de comer no quedarán para otro día. Bien sabe cada puta cuánto vale el sudor del prójimo. Y por las manchas, no se preocupen. Son huellas del oficio, souvenirs de cada fiesta. Ellos, los pobres, no conocen la mesura.

I

Camas ocupadas, la más reciente muestra personal de Rubén Rodríguez exhibida en la galería Orígenes del Gran Teatro de La Habana constituye —a mi juicio— una de las propuestas más sugestivas y provocadoras dentro del repertorio publicado por el artista en los últimos años.

La exposición estuvo integrada por una veintena de piezas —en su mayoría, óleos sobre tela o cartulina— que exhibían con descaro la desnudez de las hembras. «Mujeres de la vida», quizás (ver la maestría de la pose) y también, por qué no, amas de casa que acuden al autoerotismo después de las extenuantes labores domésticas, mientras sus esposos salen con la amante de turno. Una jaula habitada por tiernas criaturas en celo, tal vez una posada donde no quedan camas disponibles. Allí retozan, insinuantes. El artista nos deja penetrar el espacio de la intimidad como quien va de safari, pero esta vez las presas están quietas. Ellas más que nadie, desean que se produzca el hallazgo.

Rubén Rodríguez despliega en esta muestra toda una economía del placer. Él sabe dónde habita el deseo y dónde la carne es más frágil. Sabe, por ejemplo, aunque parezca elemental, que la cama es el lugar perfecto para las confesiones amatorias y el abandono a los sentidos. Es allí donde el cuerpo arde y estalla en cada levantarse. Pero es su poética, sin dudas, la que propicia tales meditaciones. El trazo seguro imanta la piel, que ni por mucho carbón consigue ensuciar las entrañas —visibles— a los ojos del deseo, mientras el desnudo generoso despierta a otras fieras menos sutiles. Con qué extraño pincel sugiere y acaricia, tiñe y fecunda. Hasta dónde llega la imaginación o el control de la mano poseída. Y pensar que femíneas abstracciones perdieron la cabeza en la orgía para terminar en gesto masturbatorio (cruel efigie del ser discontinuo *batailleano*), en su constante lucha por alcanzar la disolución definitiva. *Carmen*, *Paquita*, *Tosca y pura*, *Antes* y *Sobre ella* son las escogidas. Narran sus anécdotas desde la pared —licenciosas— al tiempo que caen sobre nuestros párpados como gotas de pesado cristal, sus biografías, y un orgasmo azul y gris retardado por la ausencia.

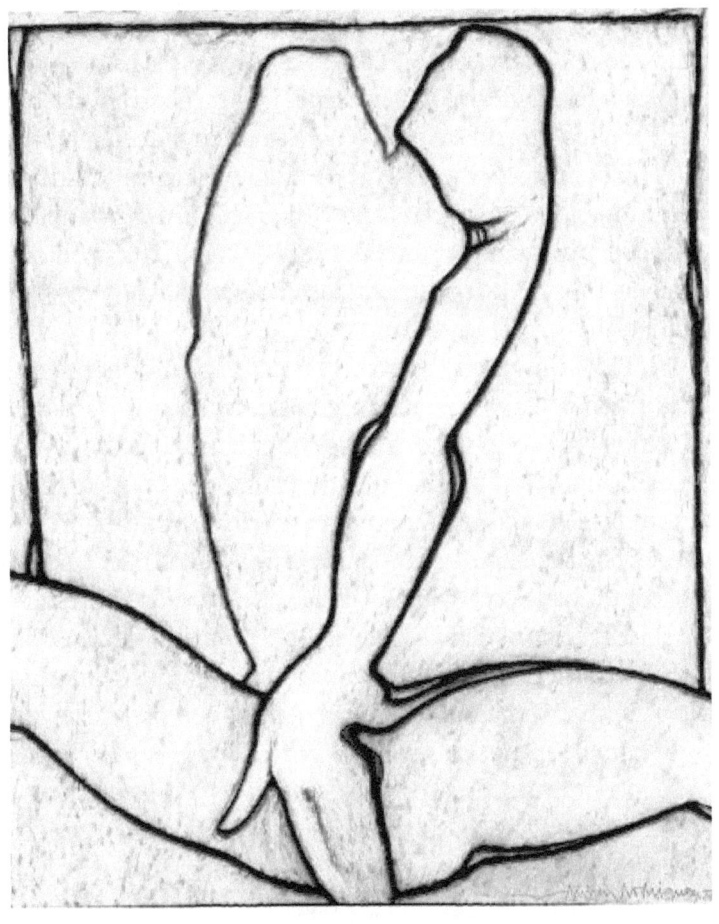

Carmen (2008), óleo y carbón sobre tela, Rubén Rodríguez.

II

Cuesta entender cómo mediante la misma figuración y una temática recurrente, aunque con ligeras variaciones tonales y compositivas cada vez, Rubén Rodríguez siga cautivando con su arte de figuras recortadas y deformes. Ha de tener que ver, definitivamente, con el hecho de no parecerse a nadie en el camino artístico. Pero, cuidado, parecerse demasiado a uno mismo puede también entrañar el riesgo de la complacencia. El éxito de su obra, imagino, radica en la fusión del legado expresionista menos agresivo y la voluntad sintética de su figuración que roza lo abstracto; apoyados por el alto nivel de sugerencia contenido en sus desnudos y la destreza envidiable del dibujante y grabador de muchos años. Todo se une para favorecer el tropo, catalizador por excelencia de la mejor tradición del erotismo en su representación plástica, esencia que recorre y define gran parte de su obra.

En *Camas ocupadas*, la mayoría de las piezas hacen gala de lo anteriormente expuesto, además de ostentar una calidez incitante y abrazadora, salvo unas pocas, como *Brazos negros*, *Pensamientos*, *Oro o plata*, o *Cubrecama*, que apuestan por el sacudimiento de una composición más centrada, el hacinamiento de las figuras que suben a un extremo del cuadro y se confunden como creando una suerte de ruido visual que empaña la vista, al tiempo que se hunden en la inmediatez de la posesión carnal, donde se divisan los falos amorfos de la ansiada compañía masculina. En mi opinión son preferibles los otros cuadros, aquellos donde vibran las mujeres solas en su triste incompletud. En ellos se siente todo el peso del erotismo, del más fino y agónico, que no consigue la realización plena del deseo, mientras se añora y se sufre.

Camas ocupadas es una exposición inolvidable desde el momento mismo en que —desde el Parque Central— se cruza la calle y se ve a *Carmen* con las piernas entreabiertas, toda seducción, pero es su mano —que cubre el sexo— la misma coraza que oculta y fascina. Rubén puede dormirse en su trono, ya apresamos esta vez los rehenes necesarios, esos súbditos del placer que él construye como nadie. Ojalá las camas y el trono nunca queden vacíos.[4]

---

[4] Artículo publicado en *Noticias Artecubano*, No. 12, diciembre de 2008, Año 9, p-11.

EIKOH HOSOE,
EL ROSTRO INCIERTO DEL VERDUGO

El pasado mes de septiembre se inauguró en La Fototeca de Cuba la muestra personal *El mundo de Eikoh Hosoe* con motivo del ochenta aniversario de las relaciones diplomáticas entre Cuba y Japón. Valga la «efeméride» como pretexto —una vez más— para recibir en La Habana a uno de los autores más notables de la fotografía moderna japonesa. Eikoh Hosoe (Yamagata, 1933), comenzó desde muy joven su carrera artística, vinculado al movimiento de arte experimental que sobrevino con la segunda postguerra. De ahí que sus primeros trabajos guarden relación con dicha temática. Sin embargo, *El Mundo...* incluye piezas de cuatro series fotográficas posteriores: *Hombre y Mujer*, *Calvario de rosas*, *Abrazo* y *Kamaitachi*, las cuales se inscriben cronológicamente en la década del sesenta y tocan asuntos menos graves como el *folklore* y la obsesión erótica. De este modo, la idea sugerida en el título lo deviene promesa consumada, ya que el espectador tiene el privilegio de asistir a una vista panorámica —aunque incompleta— de su repertorio.

Curiosamente, salvo el caso particular de *Kamaitachi*, que solo refiere las leyendas de origen rural que poblaron la mentalidad infantil de Hosoe, el resto de las series posee como denominador común la representación del cuerpo humano desnudo, el cual deviene oscuro *leitmotiv* en la indagación que emprende el artista en torno a asuntos relacionados con la memoria, los sueños, el deseo y la muerte. En mi opinión, esas y muchas otras narraciones —emitidas por el cuerpo humano desnudo— constituyen el verdadero lenguaje universal, y no aquellas formas geométricas puras que defendía Mondrian.

En este sentido, la serie *Abrazo*, representada tan solo por ocho piezas, constituye un ejemplo de las múltiples lecturas y variaciones que pueden obtenerse a partir de un mismo gesto. En esta podemos advertir una marcada estilización de los cuerpos —ostensible en la delicadeza de la línea— y un fino lenguaje poético que emana de la suavidad acariciadora de las imágenes. A estos efectos, también resulta interesante la ingeniosidad de las composiciones, así como el extrañamiento y la ambigüedad que producen, debido a la selección de fragmentos y poses *sui géneris* que emulan con lo abstracto. «Los dos cuerpos/avanzan, después de romper el espejo/intermedio, (…) Saben que hay un momento/en que los pellizcará una sombra/algo como el rocío, indetenible como el humo»[5].

La pieza *Abrazo No. 48* (1970), por ejemplo, parece reproducir el mínimo contacto entre dos torsos masculinos, y sin embargo, no es más que un *close-up* sobre un pubis de mujer (gesto que recuerda a la imagen paranoica surrealista, en este caso, desde una figuración elemental). En *Abrazo No. 28* y *70*, respectivamente,

---

[5] Fragmento extraído del poema *El abrazo* de José Lezama Lima.

descubrimos un estudio minucioso del contraste, ofrecido por la piel blanca y negra de los modelos, cuyos cuerpos se entrelazan o superponen, pero sin ánimo de discursar sobre la diferencia de razas (más bien, constituye un ejercicio formal donde lo que importa es el resultado estético). Mientras que, en *Abrazo No. 60*, el artista dispone tres cuerpos desnudos en una suerte de penetración múltiple, coreografía pautada, pose antinatural; y sentimos otra vez el peso de ese golpe esteticista, impecable, cristalino. Por tal razón no podemos dejar de señalar que esta es su serie más amable, su apuesta por el «mejor costado» del ser humano.

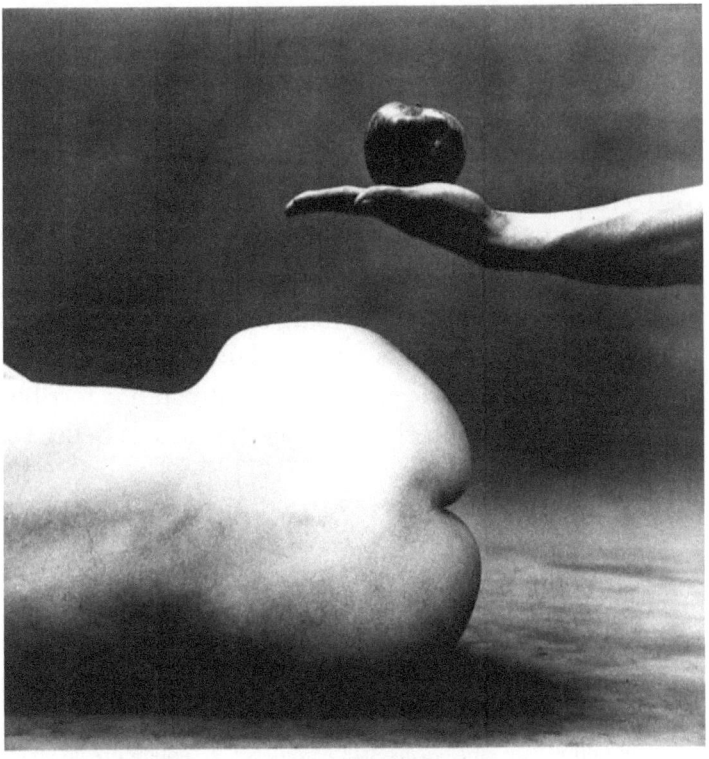

Hombre y mujer No. 16 (1960), fotografía, Eikoh Hosoe.

Hombre y mujer y *Calvario de Rosas,* son lo opuesto de la anterior. En ellas, Hosoe nos muestra composiciones verdaderamente inquietantes, siniestras; donde priman un fuerte contraste de luces y sombras, y los cuerpos se metamorfosean en criaturas desconocidas. Podemos sentir, incluso, el estertor de los personajes que se solazan con la proximidad del dolor y la muerte, ya que el artista explora los laberintos interiores de la «bestia» humana, roza los bordes de su instinto imparable, y nos abre el apetito. Hombres que se encadenan al sol —tentados por el suicidio— con una flor en el pecho o en la boca, cuerpos tendidos sobre el suelo que serán devorados por brazos alienígenas; en fin, un mundo oscuro, remoto, pero no ajeno. De estas dos series la pieza que considero más interesante es *Hombre y mujer No 20.* (1960), que representa un torso masculino sosteniendo la cabeza de una mujer con el brazo. Llama la atención el rostro impasible de ella ante el estrangulamiento, como si se tratara de una caricia enternecedora; hace recordar la historia de Judith y Holofernes, aunque invertida pues, esta vez, él obtiene su venganza con la decapitación que ella «sufre», quizás como el último orgasmo. El mundo de Eikoh Hosoe es diverso, contrastante, terrible y poético: conviven en él la fantasía y el caos, la belleza y el amor, la vida y la muerte.[6]

---

[6] Artículo publicado en *Noticias Artecubano*, No. 9, septiembre de 2009, Año 10, pp. 6-7.

ROMANCES SOBRE PAPEL

El reconocido pintor cubano-americano, Mario Bencomo, llega esta vez con una muestra personal bastante exclusiva, conformada por un conjunto de obras que ha estado acumulando durante los últimos años. Se trata de su serie —ya antológica, pues trabaja en ella desde hace mucho tiempo— *Elegy to poetry/Le cabinet de poesie*, un definitivo *work in progress*, obsesión creativa que no lo abandona. Arrobado por la inaccesibilidad de la belleza y las pulsiones del deseo erótico de esencia platónica, Bencomo, concibe una obra intrincada, pero sensible, colmada de referentes que son —al mismo tiempo— guiños biográficos, metáforas de la ansiedad como castigo.

Dicha serie está integrada por piezas donde aparecen combinadas —en una fina promiscuidad—la pintura como depurado ejercicio estético y la poesía como paradigma cultural y universo simbólico, no exento de abstracciones, que le han servido al artista como alimento de su discurso íntimo y trascendental. Por un lado, tenemos sus libros, exquisitos recipientes de una esmerada labor creativa, donde confluyen fragmentos de poemas transcritos por el artista con su propia letra, y una suerte de viñetas o ilustraciones resueltas a golpe de pura mancha, emoción desbordada tras la catarsis de la lectura. Tal iniciativa nos recuerda los antiguos pergaminos, decorados con miniaturas y profusión de detalles; todo lo cual nos produce la sensación de estar ante algo sagrado, místico. Allí la comunión plástica entre pintura y caligrafía describen una selva olorosa, sorpresa para los sentidos, cosmos habitado por la maestría de alguien que conoce bien la furia del amor.

Lo que más me llama la atención de su obra, es la sensibilidad y la cultura que asoman detrás de cada línea, la ambigüedad de los enunciados que se cuidan de ser directos y apuestan por la elipsis, el denso valor espiritual y la carga emotiva que laten en la selección misma de los poemas; repertorio entrañable que define la vida del artista y sus circunstancias identitarias. De ahí que la pasión confesa por bardos como Constantino Kavafy, Federico García Lorca, Walt Whitman, Pier Paolo Pasolini, Rainer María Rilke, Severo Sarduy y José Lezama Lima, nombres demasiado inquietos y viscerales, más que un merecido homenaje, constituya un ejercicio de gran coherencia, en la misma medida que resulta el papel un material frágil y estas vitrinas la prisión ideal para una obra sentimental, delicada, exquisita.

Cada pieza de esta serie es como un *affaire*, el relato cotidiano de un romance sublime, sugerido mediante una gramática visual que forma parte de un estilo propio, consumado. Hojas, ramas, círculos, óvalos, retoños, espirales, frenesí de conceptos encarnados. Ya el pintor rococó francés Jean-Antoine Watteau, proyectaba en sus retratos de fiestas galantes el mundo al que él mismo no tenía acceso, de modo que imaginaba escenas románticas, en las cuales nunca se atrevió a dibujar un beso. Así de melancólica es a veces la obra de Bencomo, atrevida en la sugerencia y a propósito evasiva.[7]

---

[7] Palabras al catálogo: *Mario Bencomo. Elegy to poetry/Le Cabinet de Poésie* (Edición bilingüe), Aeropuerto Internacional de Miami, The Eye Has to Travel Gallery, mayo de 2016, pp.4-5.

OSIRIS CISNEROS: PRISIONERAS DE LA NOCHE

El joven artista visual cubano, Osiris Cisneros (1985), recién inauguró su primera exposición personal en Miami, en el concurrido Kendall Art Center, un espacio que también promueve la obra de artistas noveles. Su exhibición titulada *All We Have*, está integrada por 14 fotografías de gran formato, a color y en blanco y negro, provenientes de distintas series que tienen como *leitmotiv* el desnudo femenino; tanto en locaciones de La Habana como en el sur de Florida. «Exhibir mi obra en este centro ha sido una experiencia positiva ya que es una institución muy bien estructurada, a la altura del trabajo que se expone allí y con un *staff*, que complace las necesidades y expectativas de cualquier artista», comentó satisfecho Osiris en conversación con *El Nuevo Herald*.

A finales de los años noventa Cisneros terminó sus estudios en talleres y escuelas experimentales de arte en La Habana, de modo que no es exactamente un artista académico, sino más bien autodidacta con una formación elemental, cuya experiencia giraba en torno a la pintura. Justo en 2004 cuando este crítico comenzaba su especialización en Historia del Arte, un par de colegas de la carrera y yo organizamos una exposición con los primeros cuadros de Osiris para un ejercicio de clases, el cual se concretó ese mismo año bajo el título *Peces de ciudad* en la galería Tina Modotti del Teatro Mella en el Vedado habanero.

Sin embargo, hubo un cambio repentino de manifestación artística, a lo que respondió: «mi salto de la pintura a la fotografía fue casi obligatorio desde el momento en que mi madre decidió vivir en los Estados Unidos, pues sin apenas consultarme, un día me envió a Cuba, un *kit* de hacer tatuajes, oficio que me sirvió de sustento en la Isla antes de reunirme con ella; pues debido a exigencias sanitarias, mi taller de pintura desaparece para convertirse en un estudio de tatuajes, algo que sigo haciendo actualmente».

Aunque la exhibición nos ofrece distintas etapas de su trayectoria creativa como fotógrafo, ya podemos discernir un grupo de constantes que nos acercan a un lenguaje familiar: lugares inhóspitos ocupados por la figura femenina, frialdad enajenada de los personajes en poses meditadas y actitudes contemplativas que nos recuerdan la inmovilidad de los maniquíes, fetiches sexuales asociados a la experiencia de la mujer como objeto de deseo y cuerpo construido en función del placer de los otros: tacones, pelucas, tatuajes, muñecas inflables, lencería, etc; el anonimato de los y las modelos, su identidad camuflada, generalmente de espaldas al espectador, decapitados por el encuadre o con los ojos vendados; y una marcada teatralidad en las composiciones que acusa evidentes arreglos escenográficos.

«Todas estas series guardan relación entre sí, en tanto me di a la tarea de buscar escenarios difíciles, pues la mayoría de mis fotos son en espacios públicos. De esa manera juego con el impacto que crea la figura femenina dentro de los mismos, mientras intento discursar sobre la libertad de la mujer sin dejar de lado la sensualidad que puede provocar mi trabajo», declara el fotógrafo respecto a sus intereses presentes en la muestra.

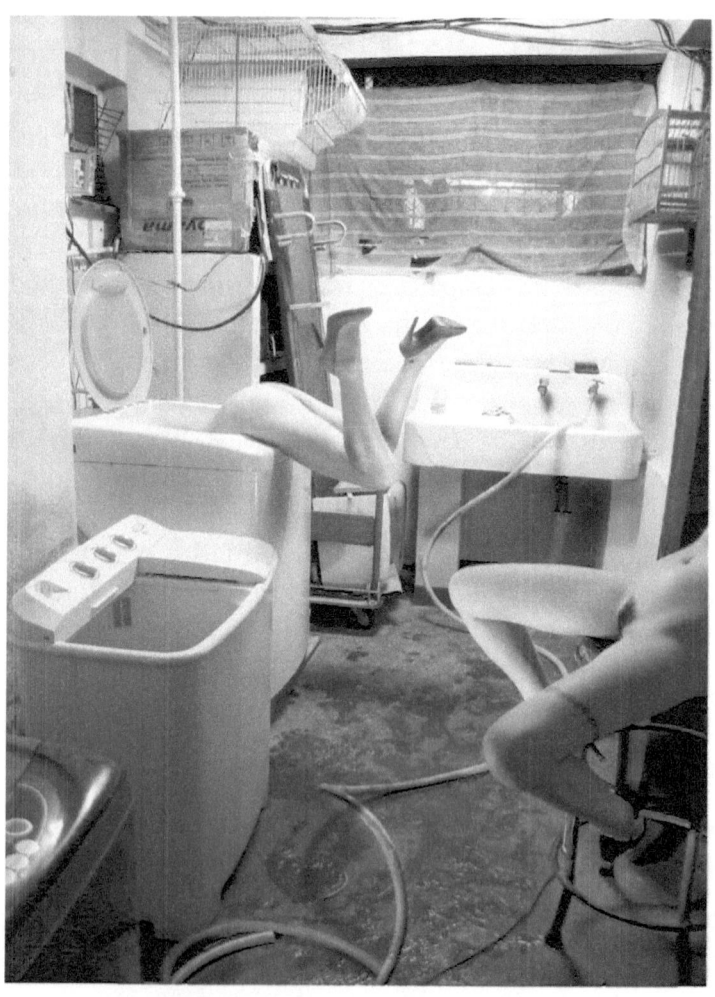

100% Polyester (2013), fotografía, Osiris Cisneros.

La mayoría de las escenas sugieren algo así como la reconstrucción de un crimen, circunstancias sospechosas en ambientes cutres, de bajo mundo: calles oscuras, una estación de trenes o desvencijados interiores domésticos, rincones donde la mujer aparece como posible víctima de la violencia masculina, como cuerpo desechable en la basura, atada a los roles sociales de género o silenciada por el peso de la cotidianidad, aunque en ocasiones divisamos ciertos amagos de empoderamiento, donde la protagonista urde la trampa de su cuerpo como máquina de seducción, como revancha: *Any Body* (2011) y *Lipstick* (2014), entre otras.

Quizás en ese ánimo de representar a la mujer como animal nocturno, solitario, en atmósferas *underground*, que lindan con la prostitución o experiencias de sexo en grupo —representadas con más asombro tecnicista que espontaneidad lúbrica— late cierta ambigüedad ética del punto de vista; de modo que, en lugar de defender al mal llamado «sexo débil» pareciera que el fotógrafo arrastra por momentos un legado machista. Aunque sobre este particular el artista expresó: «No pretendo ofender o marginar a la mujer, solo invito a la reflexión sobre las transformaciones de la figura femenina durante los últimos años. Mi modelo principal es mi esposa. Hacemos un trabajo conjunto tanto en el arte como en la cotidianidad. Iniciamos este proyecto solos ella y yo; luego se nos unieron otras personas interesadas en expresar sus inquietudes mediante nuestro trabajo».

Por otro lado, adivinamos también en algunas fotos, cierto parentesco con zonas temáticas de la fotografía del gran Helmut Newton, es el caso de las piezas *A veces hay que dar un salto* (2013) y *Genuine Leather* (2013). No obstante, las obras más logradas, de estética impecable, minimalistas, sin dejar de ser teatrales, inquietantes, incluso hasta un poco siniestras, son *Materia prima*, y *100 % Polyester,* ambas de 2013. Todo lo cual indica que este joven creador ha ido experimentando hasta encontrar su verdadero camino: la fotografía.[8]

---

[8] Artículo publicado en «Galería 305», *El Nuevo Herald*, domingo 7 de mayo de 2017, en portada y p-4.

CAPÍTULO II

EL TURBIO MANTO DE LA IDEOLOGÍA: DEL COSTUMBRISMO A LA PARANOIA

COMO UN ECO ECHADO A LA SOMBRA

El Centro Provincial de Artes Plásticas y Diseño de Ciudad de La Habana acogió durante casi todo el mes de noviembre la exposición *Hablando alto*, curada por el especialista Héctor Frómeta, merecedor con dicho proyecto del Premio Nacional de Curaduría 2009. La muestra —apenas conformada por 5 piezas— anunciaba el propósito de levantar una norma social contra todo embarazo. Pues, hablar en voz alta, como sabemos, es considerado un gesto anticívico al suponer la violación del derecho ajeno a la tranquilidad que ofrece el silencio.

De este modo, *Hablando...* pudo significar una leve transgresión del orden, que cobraría luego la fuerza del bullicio debido a la obstinada resonancia del gerundio. Sin embargo, su discurso —encaminado «al análisis crítico de nuestro contexto y a polemizar la existencia diaria del individuo»[9]— que pudo estimular la paranoia cederista por su aparente voluntad corrosiva, ante las propias contradicciones que entraña el proyecto re-

---

[9] Héctor Frómeta. *Hablando alto*. Palabras al catálogo (Plegable).

volucionario, halló mitigado su efecto en la cerrazón y la penumbra[10] de la galería, la cual acallaba una indisciplina convertida en secreto, como un eco tímido echado a la sombra.

Esta necesidad del montaje —debido a la naturaleza misma de las piezas— traiciona, aunque quizás en un plano simbólico, aquella idea original de *Hablando alto*, la cual mutara en discreción solemne. Ganancia hasta cierto punto favorable, si entendemos como un mejor camino —más inteligente y agudo— el que proponen la sobriedad y la sutileza, que no la frontalidad beligerante y roñosa. Ese es uno de los mayores aciertos de la curaduría, que aprovechó el ingenio y la ambigüedad de las obras para alzar un muro serio y cuestionador respecto de la realidad y las sinuosidades del poder, a partir de sus «distintas variaciones en lo social, político y cultural»[11], sin perder de vista la dimensión estética.

Pero la diversidad no fue exclusiva de las posturas de análisis argumentadas. También se extendió a las manifestaciones (escultura, instalación y videojuego), las cuales exhibían como denominador común —desde el punto de vista formal— una factura impecable y una visualidad contemporánea. Dicha heterogeneidad se comprueba, incluso, en la selección de los artistas —representativos de cuatro generaciones diferentes— que recorren la historia del arte cubano revolucionario hasta la actualidad. Así identificamos las obras de Ángel Delgado, Rodolfo Peraza, Duvier del Dago

---

[10] Aunque el curador plantea que semejante oscuridad y hermetismo fueron concebidos «para teatralizar y crear una atmósfera propicia para cada pieza y apartarse de lo aburrido de otras museografías».

[11] Héctor Frómeta. *Hablando alto. Continuidad crítica en las producciones simbólicas del arte cubano.* (Fundamentación teórica del proyecto curatorial), p-2.

y Manolo Castro, cuyas estéticas parecieran tomar caminos opuestos, y sin embargo, sostienen —al menos por esta vez— un discurso común en perfecto estado de diálogo.

Quizás, *Vacío controlado* (2009) de Ángel Delgado fue la única pieza que, a mi juicio, desbordó el tono general de la muestra; pues, si revisamos la poética de este artista, nos llamará la atención el peso de la memoria autobiográfica debido a su experiencia en la cárcel. Por tal motivo, la crítica al sistema —sea cual fuere— gana en cinismo, al tiempo que la obra de arte es utilizada como un medio de expresión y catarsis. No obstante, *Vacío...* de la Serie *Muros blandos*, es una metáfora del encierro y la impotencia, donde el artista reproduce una situación de enclaustramiento, a partir de una estructura geométrica que habla de la opresión y el vacío, los cuales lastiman al ser humano cuando se halla en condiciones límites, desprovisto de toda libertad.

Por su parte, Rodolfo Peraza, con *Be Informed Use Your Head* (2009) y *Art Game* de la serie *Juega y aprende* ofrece otra variación del asunto desde una perspectiva lúdica y burlona que desanda el imaginario colectivo e individual en busca de las marcas que ha dejado el ejercicio del poder. En ambas piezas se hace alusión a «manuales para orientación de la conducta social, que estandarizan la vida de niños y jóvenes a través de una educación orientada a garantizar el control»[12]. La idea de que el espectador pueda destruir consignas mediante la manipulación de un videojuego y escuchar canciones que reafirman una ideología impuesta, introduce un matiz reflexivo de corte sociológico, tal vez eficaz, a pesar de referir particularidades de un contexto ajeno, no por ello menos familiar.

---

[12] Ibídem, p-3.

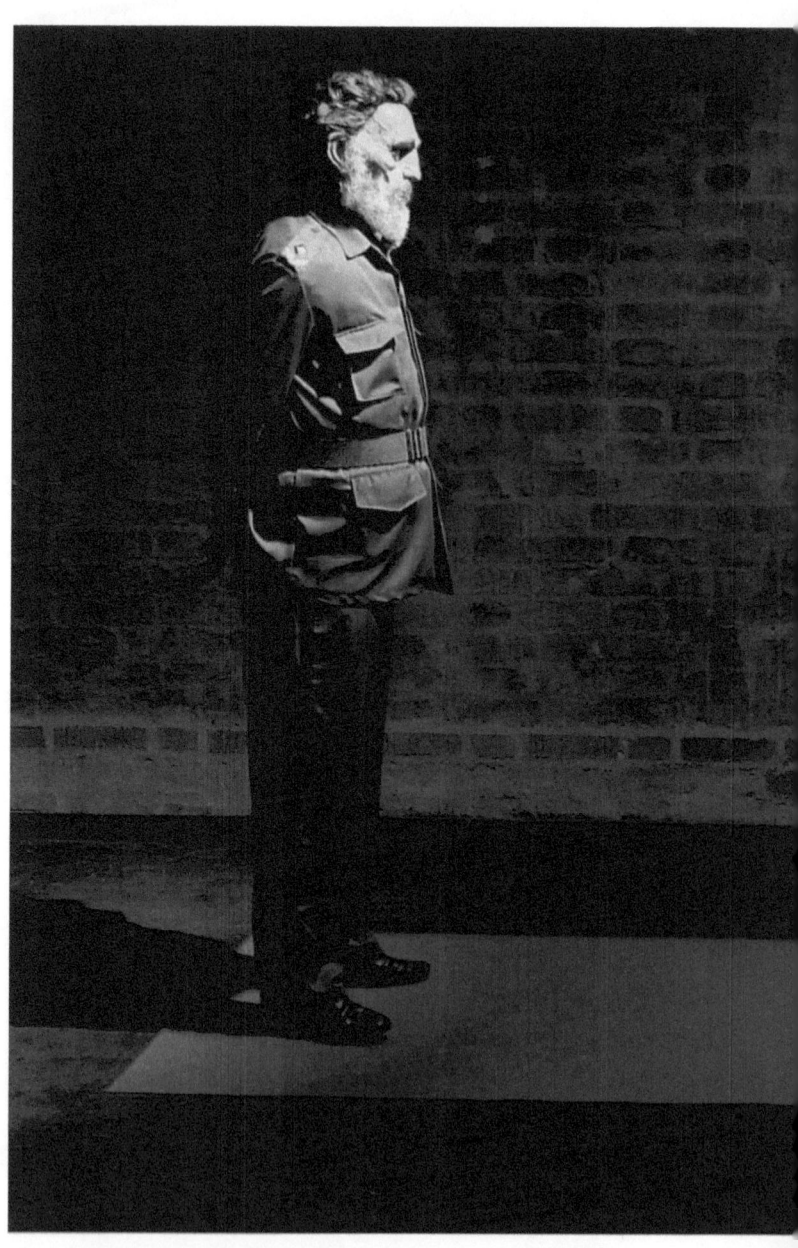

Encuentro (2009), instalación escultórica, Manolo Castro.

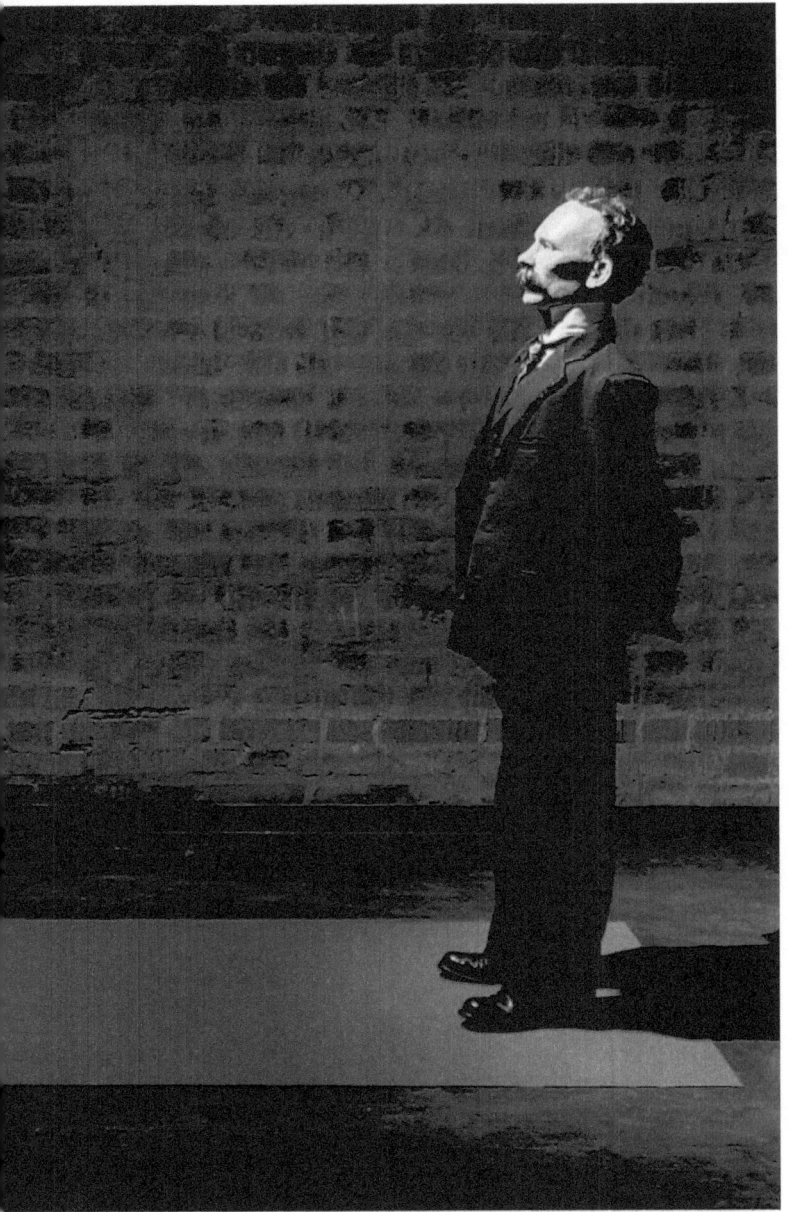

En cambio, la pieza de Duvier del Dago, titulada *Spider and Their Kin* (2009) de la serie *Castillos en el aire* constituyó, a mi modo de ver, la más sugerente y atractiva de todas las piezas; pues el artista simuló mediante el uso de hilos blancos una «estructura virtual, a modo de programa informático en tres dimensiones»[13], cuyo carácter ilusorio —acentuado por el tipo de iluminación— recordaba el efecto de un holograma. En este caso, confrontamos una red o tela de araña que nos informa sobre el alcance del poder como trampa letárgica y su naturaleza adhesiva. En fin, lo que asombra en *Spider…* es su atractiva «visualidad *high tech*»[14], su singular manera —bastante oblicua, por cierto— de cuestionar la realidad y su lirismo que evadía el aspaviento; además de su espectacular puesta en espacio, en una galería que imaginaba inhóspita.

Por último, *Encuentro* (2009) de Manolo Castro, extendía al espectador un disparate histórico, un gazapo consciente, cuya imposibilidad de realización, no dejaba otra alternativa que el extrañamiento. De este modo, las esculturas de José Martí y Fidel Castro —colocados sobre una alfombra roja (vaya escenografía mordaz)— ¿solicitaba inmediatamente la revisión crítica de un legado ideológico?, ¿acaso ese enfrentamiento solemne entre dos figuras redentoras dinamitaba el espacio de lo simbólico con más sospechas que afirmaciones? La ambigüedad de esta pieza es su mejor coraza y también su peor lastre, pues nos presenta una incógnita que dificulta la legibilidad de la idea; aunque sabemos, en principio, busca «resignificar determinados emblemas

---

[13] Idem.
[14] Idem.

que aluden al poder»[15]. Pero «distorsionar el tiempo y los alegatos de la historia» —además de un gesto daliniano— puede resultar una poética desestabilizadora, qué bien. De esta forma, podemos deducir que el secreto de *Hablando alto*, estuvo en su manera ejemplar de ajustar la polifonía, no obstante, haber renunciado al sentido original de su título. Mientras tanto yo hago silencio. Ese silencio que como dijera José Martí, deja impresión de altura. Y me alejo de esa pasarela que arde como eterno desfile de las antorchas.[16]

---

[15] Idem.

[16] Artículo publicado en *Noticias Artecubano*, No. 3, marzo de 2010, Año 11, pp. 14-15.

SIMPLEMENTE HAY QUE DEJARSE PENETRAR O LA EXTRAÑA FOTOGENIA DEL PEZ-ERIZO

La segunda exposición personal de la fotógrafa cubana María Cienfuegos, *Memoria instructiva para penetrar la piel*, curada por Sara Alonso (especialista de la Fundación Ludwig de Cuba), debió provocar la curiosidad de no pocos transeúntes que visitaran el Centro Histórico de la Ciudad entre los meses de marzo y abril, específicamente, los alrededores de la Galería Villena, en la cual fueran exhibidas varias piezas de un singular magnetismo, debido a sus notables dimensiones y, sobre todo, al misterio que produce lo inédito. Pues, se trataba de cuatro obras resueltas a partir del mosaico (técnica bastante inusual en la escena plástica cubana contemporánea) y la manipulación digital de las imágenes, donde apreciamos, curiosamente, la figura de varios peces disecados, sugestivo *leitmotiv* que remeda posibles cementerios fósiles, donde importa el gesto congelado, ¿incapacidad de acción? y la indiferencia del objeto en su inmovilidad fantasmagórica, pero ¿cuál sería su posible destino conceptual? Supongo anacrónico el discurso ecologista, aunque me llama la atención su cercanía al Museo Nacional de Historia Natural, donde se conservan ejemplares análogos, quizás los mismos que inspiraron las fotografías, cómo saberlo.

De todos modos, sospecho que el alarde pedagógico contenido en el título, promete un sentido más profundo que el simple hecho de conferirle a un objeto de interés científico el protagonismo de una obra de arte; y es justo ahí donde radica la oblicuidad del mensaje. Por tal motivo se me antoja pensar, que estos seres petrificados, en su calidad de víctimas —resultado de una disección irremediable— llegan como pretexto al desfile para insinuar ideas más arriesgadas. Me seduce, por ejemplo, la posibilidad de una lectura sociológica, según la cual, podríamos establecer cierta analogía entre el pez (como individuo) y el ser humano (específicamente, cubano) sustitución simbólica que habla de la intervención de una realidad concreta, al tiempo que exige una postura crítica, introspectiva, que rebase la mera contemplación.

Así, los grandes paños en forma de bloque que exhiben los segmentos elegidos de cada espécimen, recortados sobre un fondo negro, significan la fragmentación del sujeto contemporáneo, a partir de una combinación aleatoria y un orden adverso, caótico. Suerte de rompecabezas inexplicable que discursa, tal vez, sobre la convivencia forzada, el cero espacio para la afinidad, además de esa metamorfosis latente, inconseguida, dada por las diferencias de textura y la no correspondencia de las imágenes —por momentos— abstractas, paranoicas, inconciliables. Posible alusión a una creciente desigualdad social, dejando lugar, unas veces, para el hacinamiento y la promiscuidad ostensibles desde el

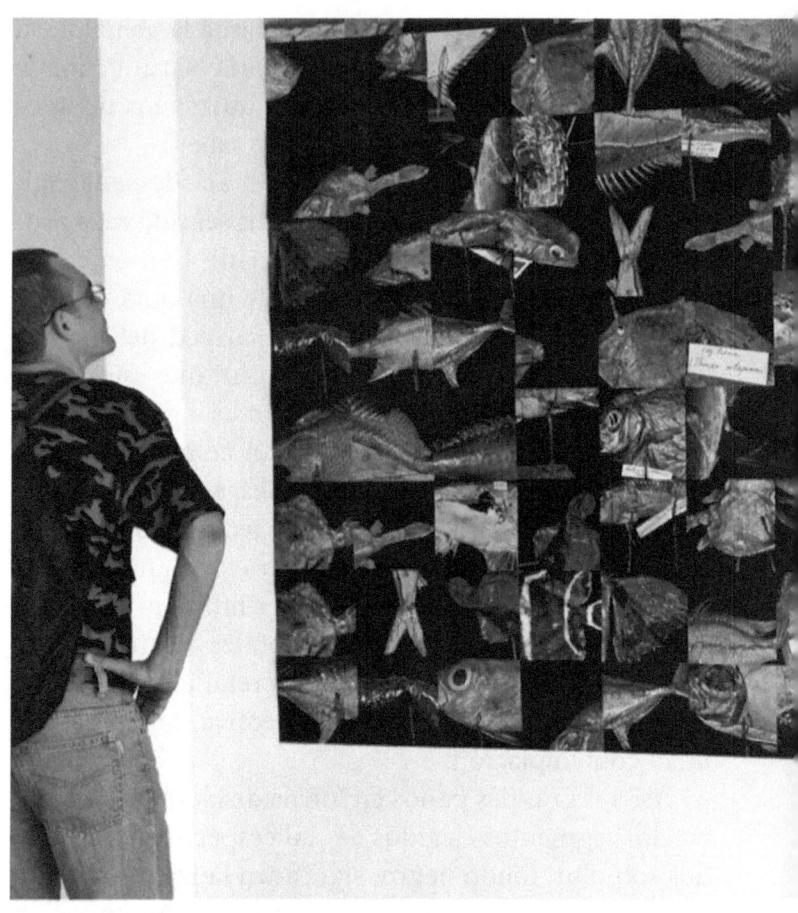

Memoria instructiva para penetrar la piel, fotografía, María Cienfuegos.

horror al vacío, aunque en ocasiones deje libre el espacio para privilegiar otras posiciones, más cómodas, donde algunos individuos, incluso, parecen dispuestos para el vuelo.

Todas estas asociaciones resultan verosímiles debido a la voluntad expresa de la artista de quebrar la unicidad y la autonomía de las fotos en busca de una mayor dependencia, conformando un todo donde per-

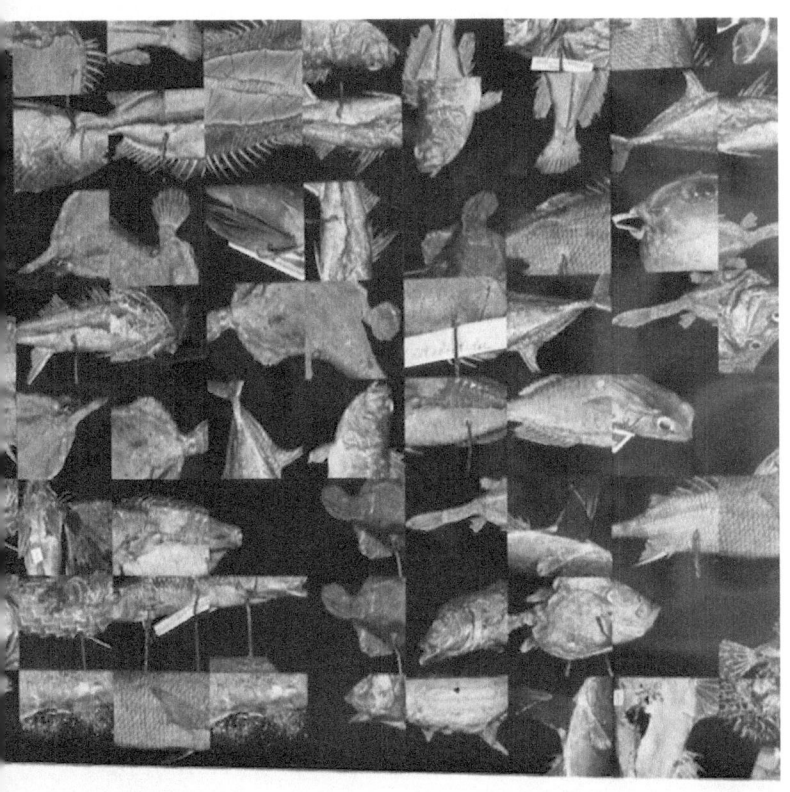

siste la heterogeneidad y los bordes quieren acoplarse, pero no encuentran lógica; simplemente hay que dejarse penetrar —que no confundir— parece decirnos la Cienfuegos con su obra. En este sentido, me parece llamativa la recurrente aparición, entre otros ejemplares, del Pez-erizo (*Diodon Hystrix*), que sabemos tiene la habilidad de inflar su cuerpo tragando agua o aire, volviéndose redondo como una pelota para reducir el rango de potenciales depredadores según el tamaño de su boca, y cuyo mecanismo de defensa principal radica en su piel (cubierta de púas inmóviles o eréctiles); símbolo de resistencia e indocilidad. A diferencia de los demás peces retratados, cuyas pieles son menos coraza, por tanto resultan más vulnerables, fáciles de persuadir o penetrar, que a estos efectos, serían sinónimos.

Resulta igualmente llamativo el cuidado que tuvo la artista de incluir en la composición, las pequeñas etiquetas con el nombre científico de las distintas especies, donde aparece contemplado, el rótulo «Cuba», indicador de pertenencia o endemismo en cada caso, y que en su conjunto pudiera sugerir una discusión sobre la pertinencia de la burocracia o el horror de la clasificación, pero se me ocurre que habría sido más importante defender una noción de identidad. Por tal razón, queda justificada, otra vez, la elección del pez como metáfora que encarna y sintetiza «la dimensión física de la Isla, tierra rodeada de mar, que convoca la idea de unidad hacia el interior o heterogeneidad homogeneizada en la que los ingredientes no se disuelven, sino que se alinean, en la fuerza sólida que representa, y a la vez, en la limitación que implica la idea del bloque»[17].

Así, solapadamente, llega hasta mí el sentido de *Memoria instructiva para penetrar la piel*, cuyas obras, a pesar del extrañamiento que producen, parecen haber sido concebidas —justo para el espacio que las acogiera entonces— como una invitación retadora a la exégesis,

---

[17] Aunque estas palabras fueron tomadas de la fundamentación teórica que hizo la artista para un proyecto de exposición anterior. Noto que en *Memoria...* reproduce exactamente la misma idea, debido, quizás a la dimensión conceptual análoga del mosaico como parte significante del discurso en ambas propuestas.

un desafío a la inteligencia; porque inteligente ella misma, María Cienfuegos, supo blandir el símbolo correcto para hablar con voz propia y socializar —aunque con un pudor aparente, más cautela que otra cosa— el verdadero lenguaje de un pensamiento inquieto, de una densidad antropológica, si se quiere, pero cuyo valor socio-cultural no descansa solo en aquellas paredes, sino que fue capaz de dejar su huella en nuestra memoria.[18]

---

[18] Artículo publicado en *Dédalo*, No. 13, junio de 2010, pp. 24-25.

JAVIER CASTRO O DIARIO DE UN CAZADOR FURTIVO

El miércoles 29 de julio de 2016 atravesé la ciudad de Miami para ver una cara conocida. El artista visual cubano Javier Castro (La Habana, 1984), daba una charla en las instalaciones de Cannonball, ubicada en el Downtown, como parte de las becas otorgadas este año por CIFO-The Cisneros Fontanals Art Foundation, cuya dirección fuera asumida recientemente por el curador y crítico Eugenio Valdés Figueroa. El joven artista debía trasmitirle al auditorio las claves de su poética bastante ancladas al contexto cultural cubano. Debía hacerlo preferiblemente en inglés y a partir de algunas de sus obras más representativas. Surgieron muchas interrogantes en ambos idiomas. Yo miraba extasiado desde un rincón la sonrisa nerviosa del público ante cada una de las propuestas, en su mayoría, espejos rotos de una realidad exótica, vulgar, muy decadente. La cual conocí bien durante mis últimos 10 años de vida en la capital cubana.

Siempre me ha llamado la atención la picardía con que Javier construye su discurso. Recordemos que se vale de la realización audiovisual sin grandes pretensiones estéticas, incluso, pareciera en ocasiones no atender a importantes exigencias del lenguaje, pero ese descuido aparente en la forma revela, luego, una sobrada pertinencia conceptual; sobre todo, cuando accedemos a la naturaleza de sus personajes: animales nocturnos, tipos populares, ciudadanos de a pie, observados en su entorno de La Habana Vieja. Espacio de grandes contrastes donde habitan el glamour colonial y la herencia de Yarini con la vida conflictiva en los solares y una multitud ignorante que conoce los márgenes.

Javier se inmiscuye en la vida cotidiana de sus vecinos, por no decir que la invade y la violenta como un cazador furtivo, los provoca o espía con la cámara y obtiene de ellos reacciones disímiles, por lo general, groseras, chocantes, otras veces simpáticas, ingeniosas, pero detrás de esa aproximación de supuesto interés social y antropológico, late una ética algo sospechosa que busca el drama urbano, al mostrar de forma descarnada la miseria de la gente y su pobreza espiritual; pues, aunque la participación sea consciente o voluntaria, exponer los individuos y sus ideas al mundo a través del arte no deja de ser un terreno delicado y sensible, sobre todo cuando emerge una verdad social harto escamoteada. Quizás ahí radica su éxito.

De cualquier manera, Javier Castro es uno de los rostros más conocidos de la videocreación cubana contemporánea, con una obra consistente y polémica, que guarda una profunda coherencia desde el inicio de su carrera. Obras como *Dime lo que más te ofende* o *Yo también me sé los pasos*, entre otras, son un ejemplo de ello. Yo conozco a Javier, como también la misión social de la extinta Cátedra de Arte de Conducta, dirigida por Tania Brugueras en La Habana, de donde nació este tipo de obras. Viví allí, en la calle polvorienta que conecta La Plaza Vieja con el lujoso Hotel Saratoga, cerca de Javier y de Yarini. Por todas esas razones me atrae su obra. De ahí que llegara hasta el Downtown para saludarlo.[19]

---

[19] Artículo publicado en mi blog personal: *Sin Anestesia (Críticas de Cine, Arte y Cultura)*, 16 de agosto de 2015; https://www.facebook.com/unblogconespinas/posts/410351502507198

EL ENTIERRO DE LAS CONSIGNAS

Hace apenas unos días quedó inaugurada en la Galería DOT Fiftyone del Distrito de las Artes en Wynwood, una exhibición personal del joven artista cubano —radicado en Polonia— Hamlet Lavastida (La Habana, 1983). Su insinuante título *Prophylactic Life* (vida profiláctica, en español), alude a una suerte de estrategia de orientación ideológica, proveniente del entorno sociopolítico cubano de los años sesenta. Una época en que se estrenaba la aburrida y estandarizante noción de «el hombre nuevo», entre otras utopías malogradas, no precisamente por falta de imaginación.

La muestra, comisariada por la especialista Janet Batet, consta de once piezas en total. Cinco de ellas, bidimensionales, las cuales guardan una estrecha relación entre sí, pues se trata —en su mayoría— de plantillas de papel calado con fragmentos de textos extraídos de la prensa oficial cubana sobre fondos de color. Una estética casi emparentada con el sistema de escritura *braille* por su esmerada cualidad táctil, aunque una de las obras ostenta, excepcionalmente, veintiún *posters* con los emblemas de organizaciones de masa e instituciones políticas cubanas. La exposición incluye —además— cuatro videos, resueltos mediante la técnica de animación *stop motion*, acaso las piezas más contundentes, por reveladoras.

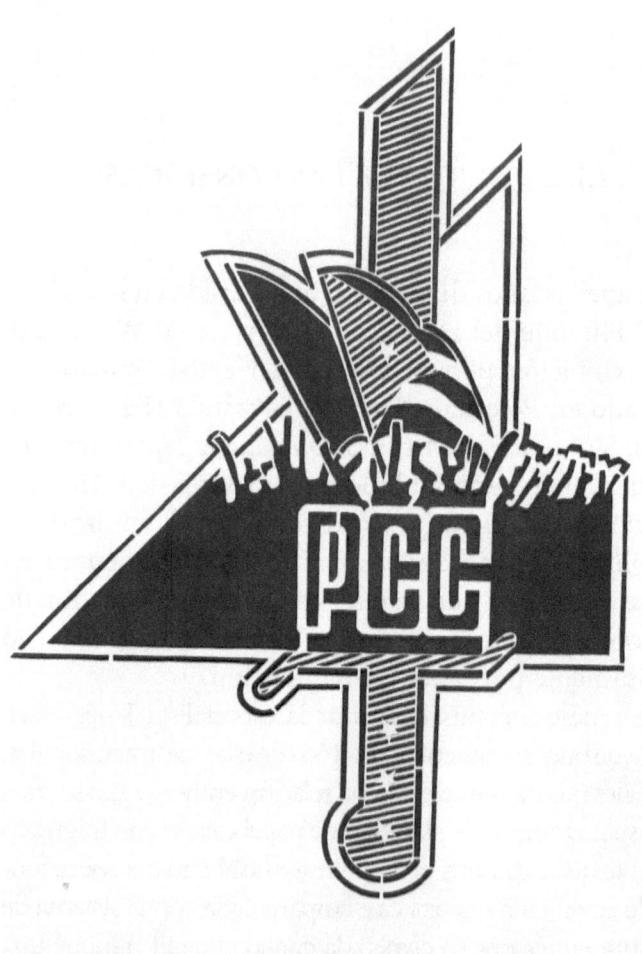

Acrónimo que identifica al Partido Comunista de Cuba (PCC). De la serie, *Vida profiláctica* (2014-2015), Hamlet Lavastida.

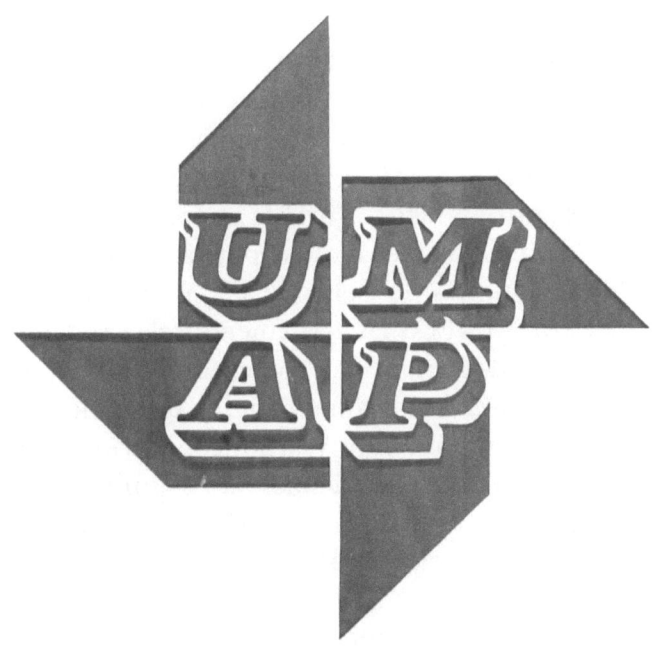

Acrónimo que identifica a las Unidades Militares de Ayuda a la Producción (UMAP). De la serie, Vida profiláctica (2014-2015), Hamlet Lavastida.

Lavastida, graduado en 2009 del Instituto Superior de Arte (ISA) en La Habana, emerge en el escenario artístico cubano a partir de su vinculación con la Cátedra de Arte de Conducta liderada por Tania Bruguera. Desde ese momento sus trabajos cobran mayor fuerza como activista político mediante la *performance* de resistencia cívica, puesto que se interesa en desmontar la retórica del discurso socialista ortodoxo, eficaz entre 1960 y 1990 (fórmula lisiada a los ojos de una generación escéptica que ya no cree en el poder aglutinador de las consignas). No obstante, su mayor motivación radica en la recuperación del lenguaje plástico, contenido en la gráfica propagandística revolucionaria (herencia directa de la escuela soviética y —en especial— del cartel polaco). Una iconografía que formara parte de la vida cotidiana del pueblo cubano, sepultada hoy por la amnesia colectiva y una pérdida sintomática de la memoria histórica.

Por esa misma razón el artista se apropia de los logotipos de instituciones tenidas por sagradas como el Partido Comunista de Cuba (PCC), el Ministerio del Interior (MININT) o las tristemente célebres Unidades Militares de Ayuda a la Producción (UMAP), para luego desacralizarlos —como hicieran en su momento Marcel Duchamp o Andy Warhol con la *Gioconda* o *Mona Lisa*— ya sea confiriéndole un significado otro, más suspicaz, a estas siglas o variando la apariencia original de los carteles para establecer un juego formal que emula con el arte óptico o la portada de libros de ciencia ficción (este último es un matiz muy severo, aunque pertinente, si tenemos en cuenta la analogía). Es decir, la revolución cubana como engendro digno de la ciencia ficción.

Lavastida, revela el sinsentido de estas marcas históricas y, al mismo tiempo, desmitifica el andamiaje coercitivo largamente utilizado para convocar a las multitudes, en un país donde la vigilancia, el enemigo y la necesidad de ahorro, más que palabras de orden constituyeron un modo de vida. Estas mismas ideas son esbozadas mediante un montaje audaz e irónico en los video-*collages* que integran la muestra. Allí, el artista reúne discursos grabados del líder histórico de la revolución cubana, Fidel Castro, junto a fotos de prensa y recortes de noticias para revivir momentos del pasado, pero no desde la nostalgia, sino desde un examen crítico.

En *La era del carisma* (2012), por ejemplo, la ridiculización de estos paradigmas viene acompañada de una estética pop, teniendo en cuenta los colores planos del fondo; y también de una dosis del clásico choteo insular, pautado por una música folclórica que le añade cierta dimensión onírica. Desde un punto de vista ético y conceptual, estas videocreaciones, siguen una lógica similar a la de los Noticieros ICAIC-Latinoamericanos y la obra documental de Nicolás Guillén Landrián, otro cubano inteligente segregado por las sinuosidades del poder socialista.

Pero, lo más interesante de esta exposición es el momento histórico, la coyuntura actual en que, después de medio siglo de enemistad, los gobiernos de Cuba y Estados Unidos, establecen relaciones diplomáticas y abren embajadas en sus respectivos países. Lavastida ha encontrado un camino infinito para arriesgar sus ideas artísticas, tratándose de un fenómeno histórico-social que no se agota y sigue teniendo ecos en otras partes del continente latinoamericano. De modo que, mientras existan sociedades arbitrarias tendrá él materia prima suficiente para ensanchar su currículo. Un artista que se autodefine como «nihilista y posmoderno», no podía más que mostrar su inconformidad o indiferencia hacia una cultura rica, pero marcada por una ideología marchita, tautológica y falocéntrica.[20]

---

[20] Artículo publicado en «Galería 305», *El Nuevo Herald*, domingo 30 de agosto de 2015, p-6.

UNA SOMBRA MUY ROJA: TRES ARTISTAS Y LA EXPERIENCIA SOCIALISTA

A Russian, a Chinese, and a Cuban, Walk Into An Art Show, además de ser el título de una muestra colectiva inaugurada el 5 de septiembre en las instalaciones de Aluna Art Foundation, constituye un homenaje a la tradición oral americana; especialmente a aquellos cuentos humorísticos en los que varios personajes de distintas nacionalidades emulan entre ellos para hacer gala de su inteligencia y del avance tecnológico de sus respectivos lugares de procedencia. Gesto que compromete las identidades y celebra a un tiempo la diversidad cultural desde sus rasgos comunes.

En esta oportunidad han sido convidados tres artistas, originarios de tres países que ostentan un pasado tan desafortunado como simétrico: la experiencia socialista. Principal razón de una estampida que los ha llevado a vivir lejos, en otras ciudades, coincidiendo ahora, temporalmente, en Miami. De ahí, que la muestra discurse sobre la defunción de las utopías, el calor del uniforme y la suspensión de la vida bajo los caprichos del mandato.

En resumen, una lista de traumas generados por el color vivo de la euforia y la mueca de gritar a coro, incluso en los sueños, palabras tan exóticas como proletariado, camarada, unanimidad, venceremos.

Al margen de todo fracaso, los imaginarios colectivos fueron penetrados de forma sistemática por una iconogra-

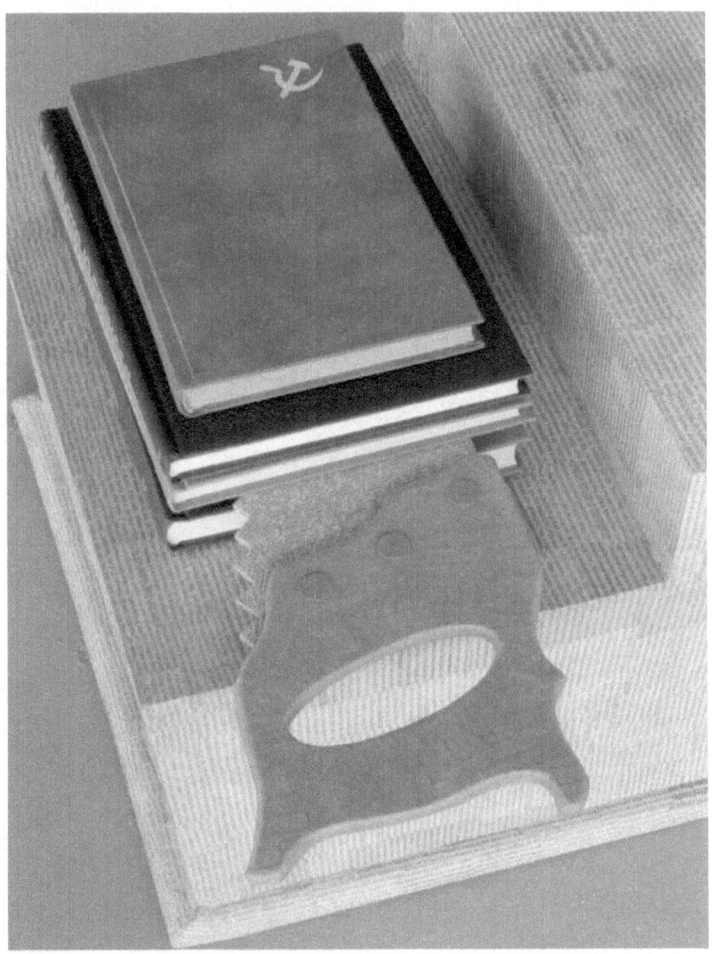

Último eclipse (Detalle), pieza instalativa de Rubén Torres Llorca.

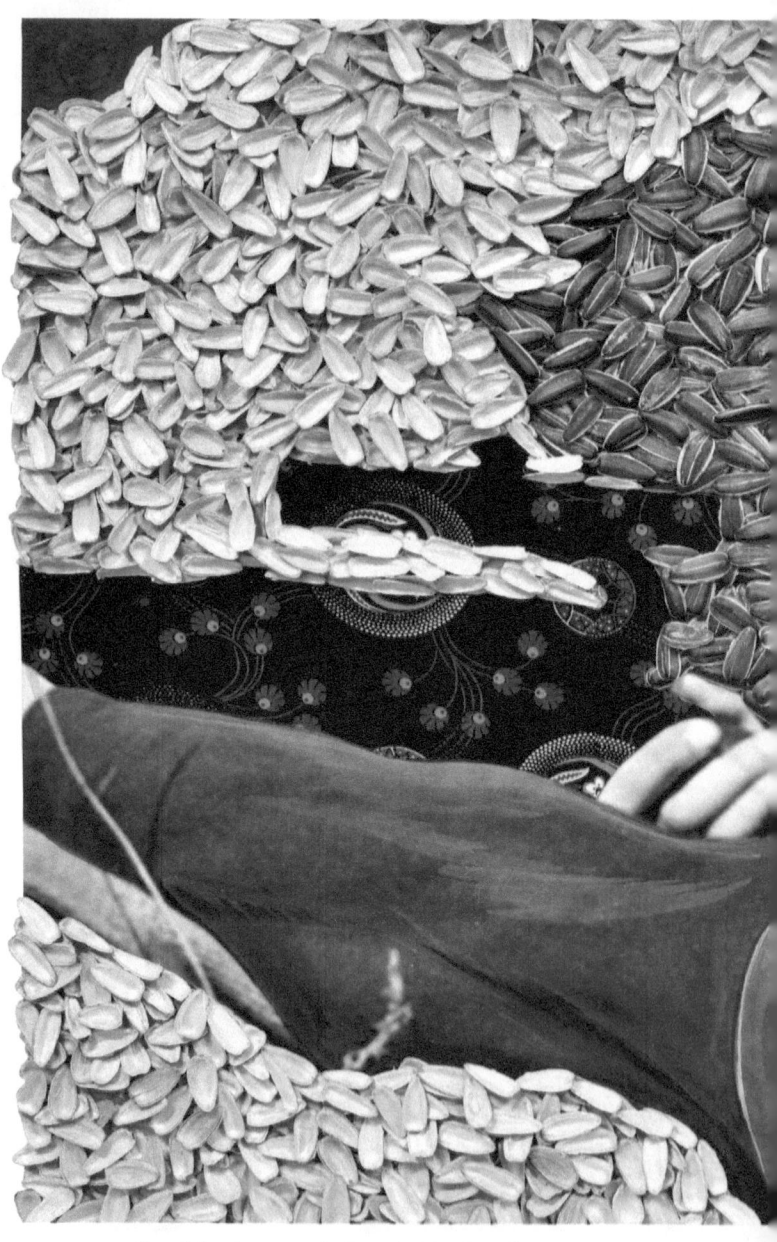

Pavelchenko con rifle (2013), Alex Yuzdon.

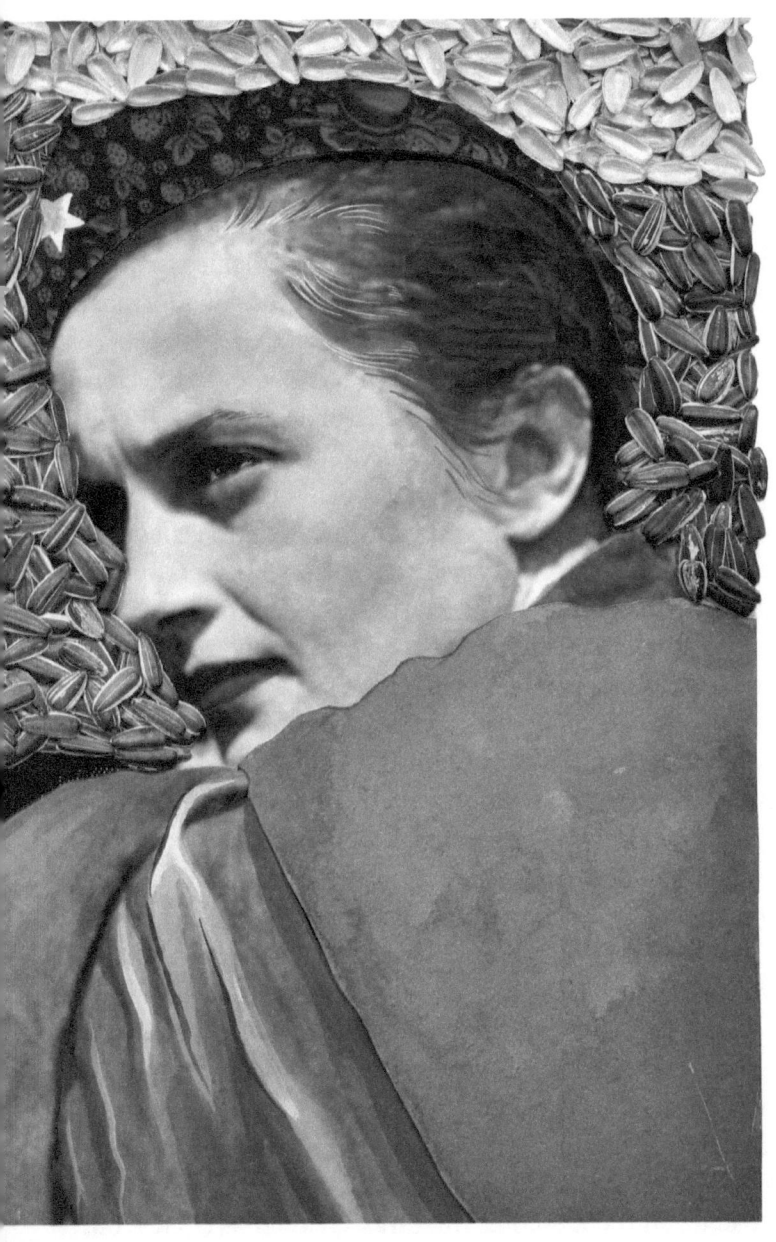

fía épica que daba noticias de la epopeya, al tiempo que elevaba sus protagonistas a la categoría de héroes y teñía de rojo toda expresión de arte. En este sentido, el colectivo curatorial de Aluna Art Foundation, encabezado por Adriana Herrera y Willy Castellanos, han bordado con sus neuronas una exhibición de esmerado tino conceptual, en tanto deconstruyen semejantes paradigmas ideológicos con la libertad de la risa, al parecer el choteo no es una fórmula *made in Cuba*, como pensaba Fernando Ortiz.

En consecuencia, no podían integrar esta exhibición, otros artistas que no fueran Alex Yuzdon (Moscú, 1977), Guo Jian (Guizhou, 1962) y Rubén Torres Llorca (La Habana, 1957), quienes tienen su domicilio actual en Nueva York, Australia y Miami, respectivamente. Tres generaciones marcadas por circunstancias sociopolíticas adversas, que ocupan un lugar en su obra desde la denuncia, la catarsis o el recuerdo. Conformada por más de una veintena de piezas, la muestra exhibe pinturas, fotografías, instalaciones, esculturas, *collages* y mapas que certifican de conjunto la misma sospecha: el comunismo ha dejado grandes secuelas en su carrera por obviar, entre otras cosas, el derecho a pensar de un modo diferente.

A estos efectos, resulta llamativa la técnica artesanal empleada por Alex Yuzdon, quien rescata imágenes de archivo de la antigua Unión Soviética. Unas veces se inspira en personajes históricos como Leon Trotsky, Vladimir Lenin y Yuri Gagarin, y otras, en sujetos o episodios anónimos, como un avión de combate cualquiera o el único pelotón de francotiradoras del que se tiene noticias durante la Segunda Guerra Mundial; los cuales reproduce y decora luego con semillas de girasol. Alimento que formó parte de su dieta escolar mientras vivió en la URRS, tan cotidiana como la propaganda política de aquellos años.

En ocasiones reviste las semillas con oro, confiriéndoles a simples mortales el aura sagrada de los íconos bizantinos. Hay allí un sentido irónico.

Por su parte, Guo Jian, nos intriga con sus pinturas de mediano y gran formato, en blanco y negro o en colores, donde recrea el momento en que Marilyn Monroe interrumpe su luna de miel en Japón para visitar a las tropas norteamericanas que pelearon en Corea. Aunque sus piezas más devastadoras son las fotos de las maquetas donde recrea con carne molida la masacre de la Plaza de Tianamen en 1989, sin contar que fue deportado de China por su «realismo cínico». Prueba de ello son algunas piezas incluidas en esta ocasión, registro fotográfico de los originales que no ha podido sacar del país asiático.

En cambio, Rubén Torres Llorca, quien además cuenta simultáneamente con otra exhibición personal en la Galería Juan Ruiz, titulada *Better Days Ahead*, pulsa un resorte igualmente cuestionador, aunque de acento más dulce. Este artista cubano rescata héroes de la ficción cinematográfica, íconos de la cultura de masas norteamericana para subvertir, tal vez, el sentido de pertenencia hacia una cultura que dejó atrás hace mucho tiempo. No obstante, entre Batman y Robin, Judy Garland, o cualquier otro personaje, coloca sus habituales altares en forma de escaleras, con libros también rojos y símbolos de un ideario impertinente y cansado. Aluna Art Foundation se erige con esta muestra y otras tantas que ha organizado desde 2011 en uno de los espacios de arte alternativo más prometedores al servicio de la comunidad en Miami. ¡Que todos sus proyectos consigan el mismo brillo![21]

---

[21] Artículo publicado en «Galería 305», *El Nuevo Herald*, domingo 20 de septiembre de 2015, en portada y p-6.

REFUGIOS DEL SILENCIO

Por estos días puede ser admirada en las instalaciones de *Under the Bridge Art Space*, la más reciente exhibición personal de la artista cubano-americana DEMI (Camagüey, 1962). *I Speak Of Silent Things...*, es el título de esta propuesta visual que resume las ideas claves de su trayectoria. Pues se trata de piezas que indagan sobre los traumas de un pasado difícil, marcado por la pérdida, el abandono, la separación, el exilio y la muerte. Su padre fue fusilado en Cuba hace 55 años, punto de partida de muchas otras frustraciones.

Esa aflicción se siente cuando observamos su obra. Las figuras representadas allí sufren y escenifican el drama. Las sonrisas se transforman en gritos sordos, amagos de coraje e impotencia. Rosie Inguanzo, profesora de FIU, en palabras al catálogo de la muestra, expresó de forma brillante cómo esta artista «edulcora la infancia que le arrebataron, por eso la niñez en sus cuadros no es una etapa de la vida sino un universo cumplido, una y otra vez rectificado en el lienzo, como si viajara en el tiempo a salvarse la vida». Por lo que estamos frente a una pintura esencialmente biográfica.

Queda claro entonces, que el repertorio de esta creadora alcanza sentido como ejercicio del dolor. «A la edad de 28 años y en medio de una vida caótica y rota, interviene en mi vida el arte cuando descubro que puedo pintar», confiesa. Desde ese punto de vista nos recuerda a grandes pintores de la historia del arte que hicieron de sus cuadros un muro de confesiones y desgarramientos, entre los que se encuentran Frida Kahlo, Vincent Van Gogh y Edvard Munch.

«La infancia en mis cuadros es una metáfora de la condición humana. Un mundo en el que yo sola, armada de una brocha y de convicciones, he creado. Soy la observadora, la poeta, la crítica, la narradora y la que dicta las reglas de ese mundo» agregó. Aunque es dueña de un universo íntimo y de una mitología muy personal, podemos reconocer influencias de otros exponentes del arte internacional de distintos períodos como Fra Angelico, Filipo Lippi, Rousseau, William Blake, Hugo Ball, Leonora Carrington, Gustav Klimt y Pedro Pablo Oliva.

Las piezas más impactantes son *Departure with Laika* (2010), *One More Day on Earth* (2013) y *The Execution* (2014), las cuales narran ese mundo fantasmagórico lleno de angustia y pesar. Concebidas mediante elementos surrealistas, unas veces, de ambiente luctuoso como de pesadilla; o las bondades de la pintura *naif,* asistimos a una mezcla de recuerdos donde emergen, de pronto, Güijes, figuras del imaginario popular afrocubano que anuncian una desgracia inminente; y niños de aspecto poco saludable, que constituyen un *leitmotiv* en su obra, al tiempo que funcionan como *alter ego*. La muestra además está integrada por siete dibujos y una escultura muy coherentes con el resto de las propuestas.

Hoy DEMI es un poco más feliz por la cercanía de su esposo Arturo Rodríguez, también pintor, quien le enseñó

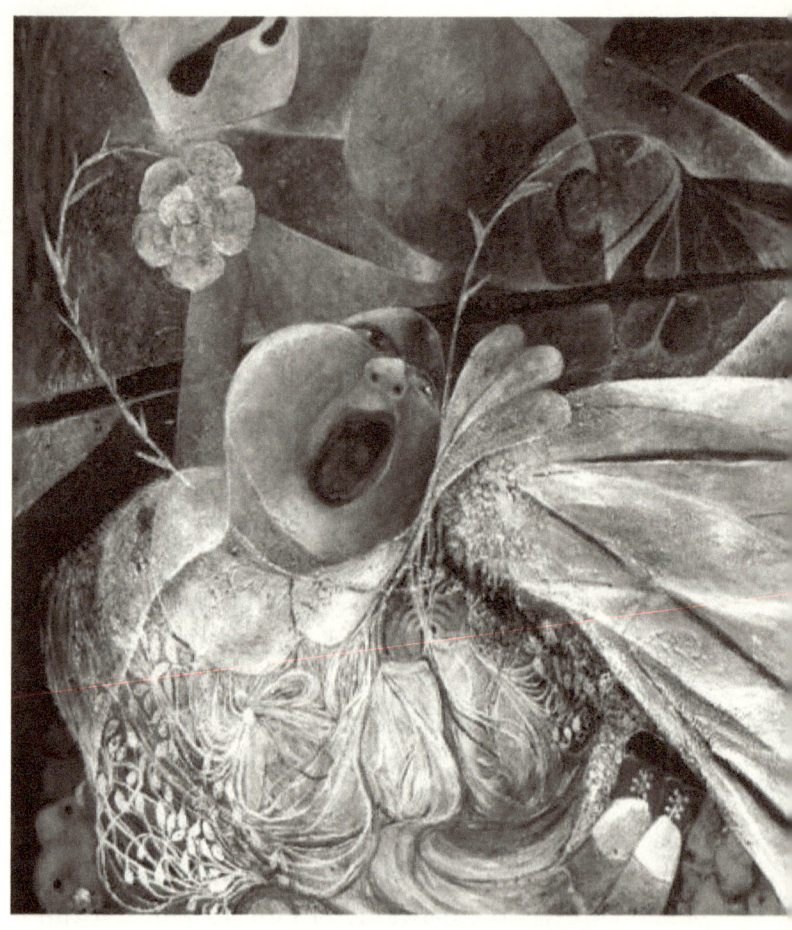

La ejecución (2014), acrílico sobre lienzo, DEMI.

la técnica, los secretos de la profesión y, sobre todo, cómo evacuar su mundo interior mediante la magia sanadora del pincel. No obstante, todo el colorido y la algarabía que ostenta en su obra es apenas el maquillaje con que disimula sus lágrimas. En ese mundo lleno de imaginación prevalecen la noche, el color rojo y un gusto muy marcado por el arabesco, todo lo cual le otorga cierto aspecto decorativo a sus composiciones, a pesar de la visceralidad que compro-

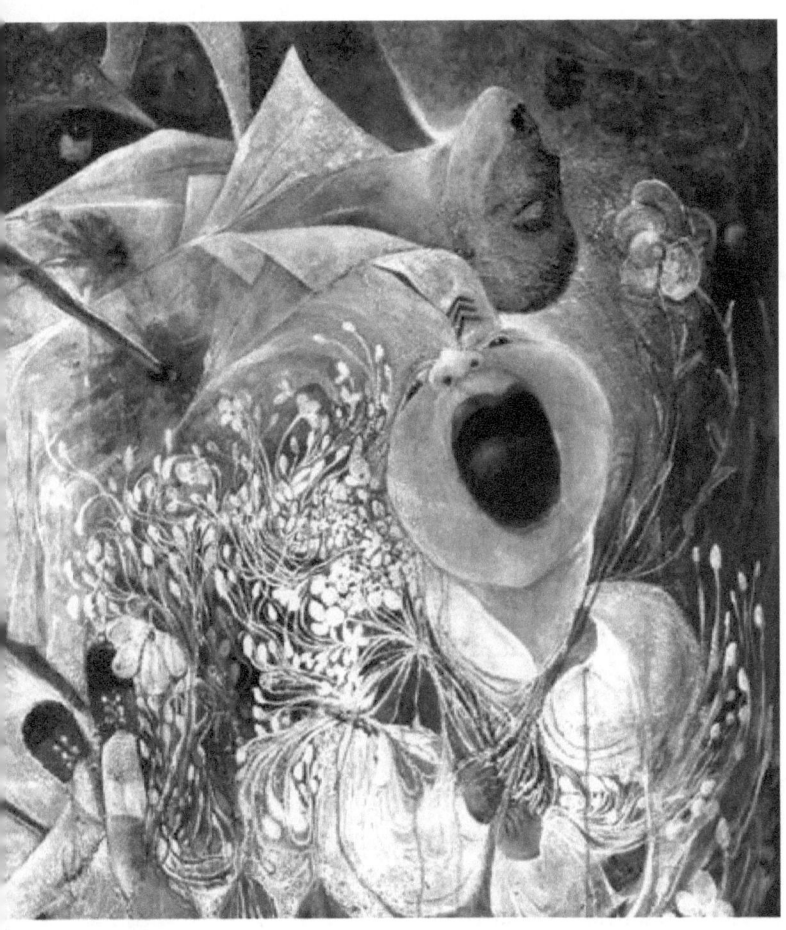

mete en cada entrega. DEMI, considerada una de las mejores artistas de origen cubano, radicada en los Estados Unidos, posee una personalidad artística verdaderamente interesante, tan genuina y enigmática como sus cuadros, que han sido exhibidos en galerías y museos de Suecia, Francia, Italia, Panamá, Puerto Rico y Estados Unidos.[22]

---

[22] Artículo publicado en «Galería 305», *El Nuevo Herald*, domingo 27 de septiembre de 2015, p-6.

GORY, EL COLOR DE LA DISTANCIA

Adriana Herrera y Willy Castellanos, quienes integran el colectivo curatorial de Aluna Art Foundation, debieron estar iluminados cuando tomaron la decisión de proponer en su espacio, la muestra *Rogelio López Marín «Gory»: apuntes para una retrospectiva (1975-2015),* no solo por la brillante idea de recuperar la obra de un artista poco visto últimamente en el panorama galerístico, sino también por la intención de aglutinar casi todo su trabajo de cuatro décadas, en apenas dos salas de dicha institución; justo reconocimiento para un creador cubano que forma parte indiscutible de la historia del arte insular, aunque él mismo escogiera el margen y la suerte de la diáspora. Resulta comprensible entonces la necesidad de socializar un repertorio que había estado acumulándose en silencio, gesto que nos permitirá redimensionar su poética.

«Cuando me propusieron esta exposición lo primero que me vino a la mente fue que sería la oportunidad perfecta para exhibir mi trabajo inédito. Tengo mucho material nuevo que nunca he impreso y tampoco he visto. Pero cuando me aclararon que se trataba de una retrospectiva comencé a pensar diferente, en el sentido arqueológico que suponía encontrar los negativos. Para mí ha sido una sorpresa, pues uno nunca ve su trabajo así de forma conjunta», señaló el artista en conversación con *El Nuevo Herald*.

La exhibición, conformada por 103 piezas distribuidas según las series más representativas del autor, no siguen un ordenamiento estrictamente cronológico, como tampoco está libre de ausencias, pues —en definitiva— importa más la afinidad temática y conceptual que vincula cada uno de los trabajos. Entre pintura (con muy pocos ejemplos, pues dependió del favor y la generosidad de algunos coleccionistas), fotografía intervenida digitalmente e imágenes documentales; tenemos una visión caleidoscópica de las distintas etapas creativas de Gory; donde llama la atención la coherencia sostenida durante toda su carrera. De modo que advertimos el mismo interés de antaño, quizás un poco travestido por las ventajas de la tecnología, o sea, el desvelo estético por encima de cualquier preocupación y la adulteración de lo real que da paso a la fábula; una fina entelequia sobre el destino de un ser escindido entre el cielo y el mar, fronteras simbólicas de una estado más complejo, convertido en tropo, evocación, castigo de la nostalgia.

En esta muestra antológica alcanzan un gran valor el uso de imágenes provenientes del archivo personal del artista, memoria de su recorrido, patrimonio visual del continente, y la referencia a la música rock —contenida en los títulos de casi todas las obras— estandarte contracultural, un nido de resistencia que «cuestionó, en el contexto posrevolucionario, las limitaciones a las libertades del individuo, sugiriendo vías alternas en las relaciones entre estética, política y poder». Así de profundo, aunque con cierta tendencia a la ironía y un marcado juego con lo poético, el artista dinamita sus piezas, fruto de la oblicuidad y el cinismo. Desde allí, justamente, nos llega la alquimia de su mensaje, la savia de su discurso.

Considerado una figura clave del movimiento fotorrelista cubano de los años 70, Gory abandona la pintura después de la mítica exhibición *Volumen Uno* (1981), con su obra *Concierto inconcluso para pintor mecánico* —verdadero manifiesto de la rebelión contra el supuesto peligro de la mímesis— una de las principales atracciones de esta exposición.

Igualmente destacada resulta la serie de fotomontajes *Es solo agua en la lágrima de un extraño* (1986) exhibida durante la Segunda Bienal de La Habana, en la cual prima el color azul. Esto se debió —parafraseando al artista— más que a una intención estética, a un accidente químico convertido en as de triunfo, puesto que vendría a significar el color de la distancia, el horizonte. De ahí que la piscina sea el sinónimo fotográfico de un mar delimitado por obstáculos siempre cambiantes, donde el muro, un arrecife o bosques inundados se transforman progresivamente en la urbe colmada de rascacielos, metáfora del sueño americano. Por si fuera poco, cada una de las piezas viene acompañada de fragmentos del libro *El espejo en el espejo* de Michael Ende, referencia que hace a estas obras más lúcidas y desafiantes, como por ejemplo: «Al fin y al cabo no puedo ser el único que se ha dado cuenta. Tan listo no soy. Solo se han puesto de acuerdo en no hablar de ello» o «Como un nadador que se ha perdido debajo de la capa de hielo, busco un lugar para emerger», evidentes asomos de inconformidad y protesta, epítomes del exilio.

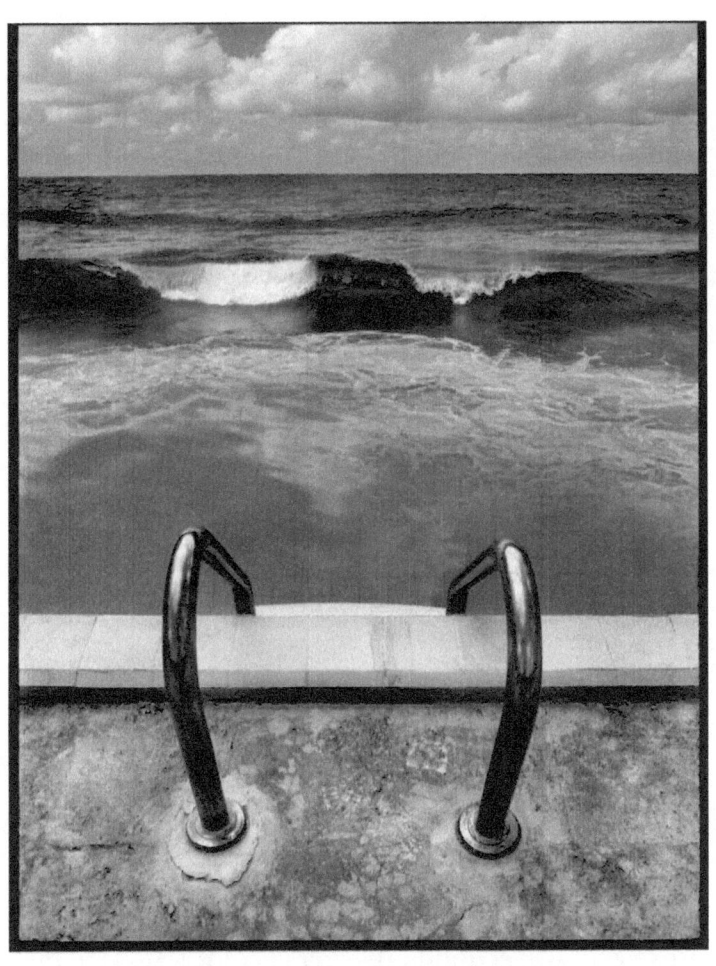

Es solo agua en la lágrima de un extraño (1986), manipulación fotográfica, «Gory».

Mientras, en sus series *Ausencias* (1980-1991), *Personal Mountains* (1993) y *The City* (2001), respectivamente, expone su mirada escéptica de cierta realidad, donde los objetos cobran el protagonismo y los paisajes urbanos no disimulan su soledad ni su hastío. Vibran en estas insinuaciones melancólicas y ambientes oníricos, la influencia de la pintura de René Magritte, Giorgio de Chirico y el legado de otros artistas como Richard Este, Eugène Atget o Duane Michaels. La serie *The City* tiene una connotación especial, pues capta el ánimo de Nueva York tras el derrumbe de las torres gemelas, por esa razón las imágenes resultan elocuentes, aunque desde el silencio.

Asimismo, resulta interesante comparar sus trabajos *Solo entrada* (1975-1979), *Retratos* (1978-1986), *Un paseo por la tierra de los anamitas* (1983) y *Still Alive* (2014-2015), que captan siempre —desde una esmerada vocación por la síntesis y el uso de los contrastes en blanco y negro— la energía emanada tanto por las esculturas fúnebres del Cementerio de Colón, y personalidades de la cultura cubana como Dulce María Loynaz, Titón, Antonia Eiriz y Servando Cabrera, hasta la expresión marchita de los niños vietnamitas en sus barrios destruidos. La única excepción la constituye *Still Alive*, donde regresa el color y se hace más nítido el contexto, pues se trata de imágenes suburbanas de Miami, ciudad donde reside el artista desde hace tiempo.

Rogelio López Marín «Gory», debe sentirse afortunado de tener en vida, cuando aún es muy joven, una exposición de esta magnitud. «Soy un artista callejero, motivado desde el inicio por la doctrina del instante decisivo acuñada por Cartier Bresson. Me interesa el poder de la imagen, sin que influyan los prejuicios en torno a la tecnología o en contra del mundo analógico. Mi pasión más grande es el arte». De esta forma ha encontrado el artista el modo de mudarse donde quiere, no solo en el espacio físico sino también mental, espiritual.[23]

---

[23] Artículo publicado en «Galería 305», *El Nuevo Herald*, domingo 3 de enero de 2016, en portada y p-6.

KARLOS PÉREZ, ÁRBITRO DEL TIEMPO

Hasta el próximo 30 de abril será exhibida en Latin Art Core Gallery de la Pequeña Habana, la muestra personal, *Memorias*, del joven artista visual cubano Karlos Pérez (Camagüey, 1990); integrada por una docena de piezas concebidas en la técnica de óleo sobre lienzo. Llama poderosamente la atención que alguien de tan corta edad se interese por «salvaguardar» determinados episodios de la Historia, cuando mirar al pasado no constituye una prioridad entre las nuevas generaciones de cubanos, dentro o fuera del panorama artístico.

La parquedad del título, unida a la sobriedad de las imágenes, nos ayuda a intuir la dureza del drama familiar, separación de tantos seres humanos, cuyos vínculos fueron rotos por obra y gracia de extremadas políticas entre los gobiernos de Cuba y los Estados Unidos. Algunos de los personajes representados constituyen supuestas víctimas de la Operación Peter Pan, llevada a cabo por organizaciones benéficas católicas, que trajeron a 14.000 niños cubanos a Miami durante los años 1960-1962. No obstante, la escasez de otros referentes visuales en las obras, sitúa a estas criaturas en una suerte de limbo, un patio de orfandad y abandono, donde nadie vendrá a buscarlos.

De ahí que la estética escogida por el artista para elaborar su discurso resulte apropiada, insólita e inquietante. Pues recurre a procedimientos de intervención y manipulación poco convencionales, en los que parte de fotografías originales de la década del 50 del siglo pasado (un segmento ínfimo de su gran colección, que ya sobrepasa los miles de ejemplares, según testimonio del galerista Israel Moleiro), para luego de reproducirlas sobre la tela, someterlas a un proceso de deterioro y envejecimiento, mediante una mezcla especial de barnices que le otorgan un aspecto distorsionado.

Dicha visualidad añeja y, por momentos, caprichosamente abstracta, al decir del propio Karlos Pérez en conversación con la revista digital *On Cuba,* se debe «al aprovechamiento de mi propia condición visual, o sea, que las piezas las realizo sin mis espejuelos —no literalmente, sino que las imágenes son filtradas a través de la afección de mi vista— y por ello toman este matiz de desenfoque o de *blurred*».

Por tal razón, las figuras solo toman sentido ante nuestra percepción si las contemplamos desde lejos. Las superficies cubiertas por manchas, que podrían ser de humedad, y orificios o craqueladuras como signos del paso del tiempo, son pura trampa visual, simulacro convincente de una realidad histórica, que ha sido «retocada» a la inversa. El patrimonio fotográfico de la Isla es copiado y burlado, mientras el artista hace retroceder las manecillas de un gran reloj, como si se tratara de un árbitro del tiempo.

La intención de deformar las figuras, más allá del aspecto sepia que simboliza el alcance de los recuerdos y la selectividad de la memoria, así como cierta atmósfera siniestra en la que estos seres pasan a convertirse en presencias fantasmales, me hace recordar la producción simbólica de otros artistas, como aquellas exageraciones grotescas de Chaim Soutine, las naturalezas —literalmente— muertas de Joel-Peter Witkin, los trucos visuales de Chuck Close y, por supuesto, del inspirador confeso de toda la serie, Thomas Eakins. Obras suyas forman parte de colecciones privadas y públicas en países como Alemania, Bélgica, Canadá, Estados Unidos, España, Inglaterra, Francia, Italia, México, Suiza, Suecia, Emiratos Árabes Unidos, Singapur, India, Japón y China.

Lo más sorprendente en la obra de este joven artista, apenas graduado en 2014 del Instituto Superior de Arte (ISA) en La Habana, es cómo se las arregla para imponer una marca personal en el competitivo y tradicional ámbito de la pintura, aunque su manera de trabajar comenzó hace años, como apuesta firme por definir su identidad como pintor. El dilema está en que al no ser testigo de la Historia, sino apenas un observador reciente, sus pinturas-retratos solo pueden ser amnesia queriendo convertirse en memoria.[24]

---

[24] Artículo publicado en «Galería 305», *El Nuevo Herald*, domingo 1 de mayo de 2016, pp. 4-5.

LOS DOBLECES DE LA HISTORIA: GEANDY PAVÓN Y JOSÉ MANUEL MESÍAS

Como ya es habitual, Mindy Solomon Gallery, ubicada en Little River, ha inaugurado dos muestras individuales como parte de un mismo evento. Se trata esta vez de dos artistas visuales cubanos orientados hacia la expresión pictórica, cuyas piezas son —en apariencia— inofensivas, aunque están atravesadas por una violencia plástica bastante *sui géneris*. Me refiero a *Political Fold* de Geandy Pavón (1974) y *About the Absolute Truth* de José Manuel Mesías (1990). Ambas exhibiciones, integradas por una decena de obras cada una, han sido distribuidas de manera elegante en el espacio de la galería. Notamos allí una semejanza temática, más bien una diferencia, y es el interés por la memoria histórica desde dos perspectivas contrapuestas. La primera enfatiza en las consecuencias del mega-relato en la conciencia individual del artista, o sea, en la historia con mayúsculas; mientras la segunda se adentra en la intimidad de los recuerdos, pero a un nivel mucho más concreto, personal, cotidiano.

La obra de Geandy Pavón, por ejemplo, es de naturaleza referencial, lo cual le brinda una mayor riqueza, ya que está preñada de cultura. El artista representa elementos archiconocidos de la historia relacionados con nociones tan complejas como el capitalismo, la libertad, la muerte, el poder, la filosofía, etc. Para ello recurre a íconos como las figuras del Che Guevara, Karl Marx, el Capitolio de Washington, La Casa Blanca, o famosas pinturas de la Historia del Arte como *La Muerte de Marat* (1793) y *Napoleón cruzando los Alpes* (1801) de Jacques-Louis David o *La libertad guiando al pueblo* (1830) de Eugène Delacroix; todas símbolos de resistencia, emancipación y liderazgo. Pero lo más interesante no es la cita, el intertexto, el homenaje a dichos referentes, sino la manera en que los representa. Pavón, se interesa por dos procedimientos artísticos bien singulares y caprichosos: la papiroflexia (el arte del origami) y el *trompe l'oeil* como simulacro visual.

Aunque se trata de técnicas de un uso extendido en la historia de la cultura, la yuxtaposición de ambas en el instante de concebir una pintura, la convierten en una obra exclusiva, única, lo cual garantiza las múltiples lecturas a la hora de su desmontaje o interpretación. Los dobleces de las figuras de «papel», en forma de cohete, cadeneta, cono, abanico, hacen ver las piezas como arrugas de un proceso, retazos, fragmentos manipulables de la historia oficial con sus propias luces y sombras, puesto que alude a su naturaleza contradictoria y polémica, no exenta de una connotación lúdica, infantil, al tiempo que la representación eficiente de estas imágenes nos crea la ilusión de estar superpuestas sobre el lienzo. Su elaborada textura hiperrealista, nos lleva a pensar en el cuadro-objeto, de aspecto tridimensional, casi escultórico, ahí es donde radica la trampa visual. El artista nos hipnotiza con su virtuosismo plástico.

A propósito de estas piezas Geandy Pavón ha expresado: «Estoy interesado en la revelación de la fuerza conceptual de una imagen, entendida como ruina. He encontrado en los medios clásicos de la pintura, la forma más eficaz para perpetuar este momento. Recientemente, he desarrollado una serie de obras en las que utilizo material fotográfico de archivo que yo mismo arrugo, corto o doblo para utilizarlo luego como modelo en mis pinturas. El sujeto retratado en cada fotografía me permite viajar de un género a otro, tales como paisajes o retratos, pero siempre concebidos desde la perspectiva de un pintor de naturalezas muertas».

José Manuel Mesías, en cambio, nos propone una obra que combina indistintamente pinturas de gran fuerza psicológica, contenida en la expresividad del color; y objetos varios, los cuales condensan metáforas desde su imponente simplicidad. Estamos frente a obras de naturaleza contemplativa, silenciosa, como un canto de resignación. La soledad de los personajes, la belleza decadente de las cosas, nos conducen por un camino desconocido, que el artista explora sin que sepamos a dónde va, pero es un lugar denso, oscuro, demasiado quieto. Así estos dos artistas cubanos, enfrentan la realidad histórica, uno desde la plaza pública y el otro desde el interior doméstico, ambos con una fuerza y agresividad solapada, que nos va dejando sordos.[25]

---

[25] Artículo publicado en «Galería 305», *El Nuevo Herald*, domingo 5 de junio de 2016, p- 6.

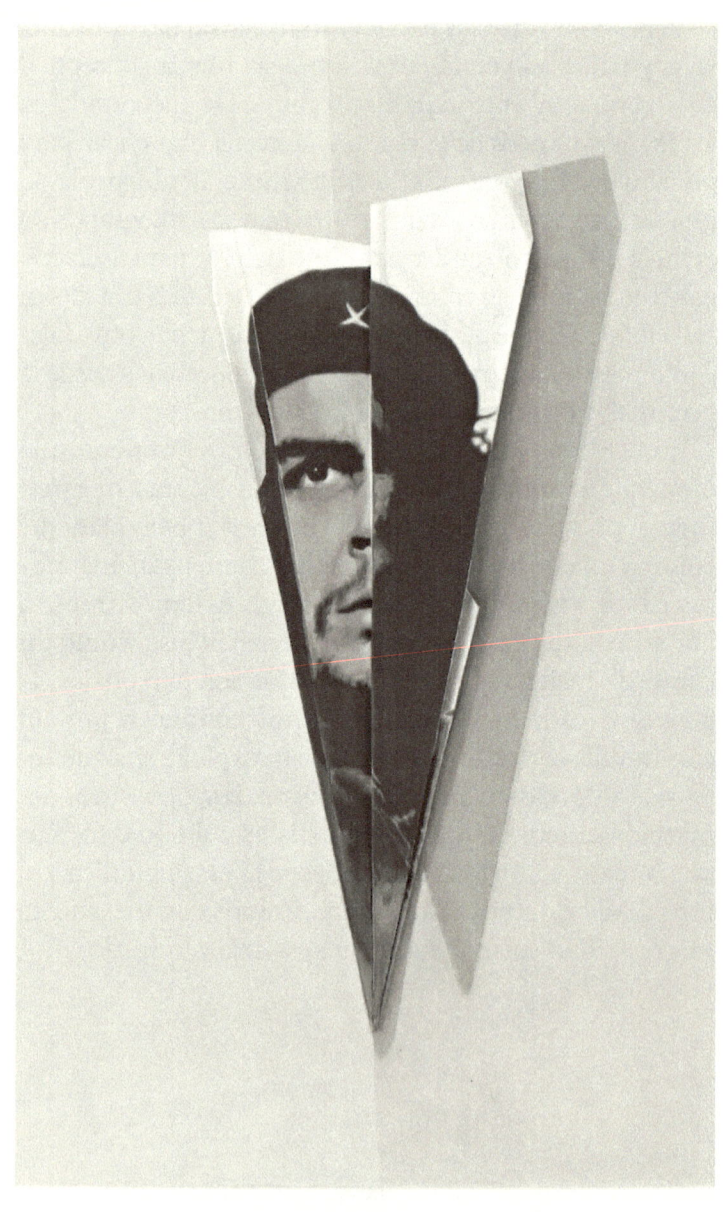

Ché volador (2016), acrílico y óleo sobre lienzo, de la Serie *Political Fold*, Geandy Pavón.

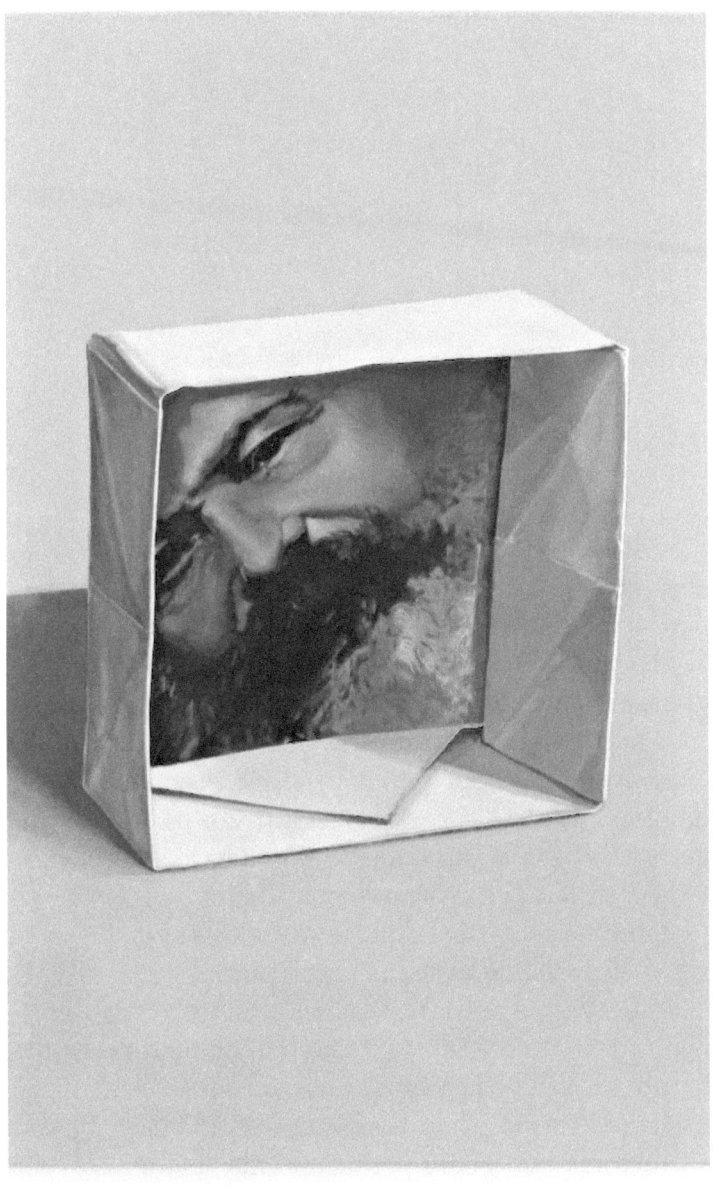

Marx vacío (2016), acrílico y óleo sobre lienzo, de la Serie *Political Fold*, Geandy Pavón.

LOS PAISAJES GENITALES DE TOMÁS ESSON Y OTRAS PROVOCACIONES

Fredric Snitzer Gallery exhibe hasta el próximo 20 de abril, en su nueva locación cerca de Wynwood, la muestra personal de pinturas y dibujos del artista visual cubano Tomás Esson. Bajo el simpático título *Miami Flow* e integrada por 6 cuadros de gran formato (majestuoso uno de ellos, que emula prácticamente con las dimensiones del *Guernica* de Picasso), y una instalación con cerca de 32 dibujos, *Wet Drawing Series*, cuyos trazos parecen extenderse a las paredes de la galería); la exhibición nos devuelve la presencia lúdica, irreverente y mordaz de uno de los pintores más sugestivos, que haya dado —hasta hoy— el sistema cubano de la enseñanza artística.

«Conozco a Fredric hace 27 años. Su galería fue la primera que frecuenté en esta ciudad, aunque antes se llamaba Opus y radicaba en Coral Gables», explica el artista en extendida conversación telefónica con *El Nuevo Herald*. «Estuvimos trabajando juntos durante cuatro años. Me mudé un tiempo a Nueva York y luego regresé a Miami en 2001. Desde entonces hemos tenido encuentros, pero no fue hasta ahora que se consolidó nuestra relación profesional. Ha sido complicada la experiencia, pero ha habido también mucha seriedad. Yo lo respeto mucho. Esta es una muestra muy especial dentro de mi carrera, porque expresa mi amor hacia el arte, mi devoción por la pintura», confiesa el creador mientras hace un ejercicio de memoria. «Un día Fredric me visitó en mi estudio. Vio esta nueva serie y se enamoró de los cuadros que llevaba pintando durante seis meses. A ambos nos interesaba exponer las mismas piezas y este es el resultado».

Graduado de la Academia Nacional de Artes Plásticas San Alejandro y del Instituto Superior de Arte (ISA), su exposición personal *A tarro partido II*, inaugurada el 12 de enero de 1988 en el Centro de Arte 23 y 12, en La Habana, fue censurada por el poder oficial y clausurada un día después de su inauguración. Lo cual demostraba la tensión creciente entre el arte y la política, y la suerte de una brillante generación de artistas en los años 80, quienes terminaron en un éxodo masivo hacia los Estados Unidos en busca de libertad y realización profesional. «Yo tuve la suerte de salir de Cuba. Fui censurado por ignorancias de aquella época, pero todo se resolvió pronto. Aquí tengo a mi familia, mis amigos y, sobre todo, pinto mucho. Tengo materiales de calidad, aquí no sufrimos de esas carencias que afectan la obra. En Cuba había otra belleza. Eso tampoco quisiera perderlo».

Pero como si no pudiera evitarlo cuando tocamos el tema, expresó: «Cuando me censuraron esa exposición en 1988, los argumentos eran estúpidos. Me insinuaron que yo estaba tomando posiciones contrarias al sistema. Incluso, organizaron un mini-congreso y convocaron a varios intelectuales para que se reunieran conmigo. Me mandaron a analizar». Mientras narra esta anécdota pone el ejemplo de otro gran artista cubano: «Raúl Martínez era abstracto, sin embargo, cambió al pop. Se retracta de su pintura y hace un reajuste. A mí me sugirieron lo mismo», explica. «*A tarro partido II*, fue producto de un premio que me dieron por mi tesis, como el graduado más destacado en lo artístico-creador, y eso me concedía el honor de hacer la muestra; que incluía, banderas americanas y de la entonces Unión Soviética. Ellos se confundieron con esas mezclas y así se produjo el malentendido. Los errores de censura tienen lugar en todas las sociedades del mundo, aunque el dolor siempre se queda dentro, pero eso también provocó cambios positivos en mi vida».

Juan Tomás Esson Reid (La Habana, 1963), quien también había participado en la controversial exhibición titulada *¿Patria o muerte?* (Castillo de la Real Fuerza, 1989), junto a Carlos Cárdenas y Glexis Novoa, antes de emigrar; había concebido pinturas bastante polémicas como *Mi homenaje al Ché* (1987), *Spoulakk y Socialismo*, ambas de 1989, entre otras; donde asistíamos al nacimiento de una singular iconografía, que se ha mantenido fiel con el paso de los años. Aunque, curiosamente, según nos confiesa el pintor, el origen de estas inquietudes temáticas palpitaba desde mucho antes: «Soy un pintor que hace distintas series con las que estoy comprometido eternamente. Desde niño los maestros me escogían en la escuela para pintar banderas y héroes como Camilo, José Martí, etc.; de lo cual yo me sentía orgulloso, pues me decían: «vete para tu casa y mañana nos traes la pintura», o sea, tenía privilegios. Y al otro día, en el evento oficial, mostraban mi dibujo». De modo que, en una tierna y, al mismo tiempo, macabra paradoja, quizás las propias instituciones educativas cubanas motivaron al artista desde muy joven a venerar los mismos símbolos que, luego, serían objeto de injustas recriminaciones.

Tomás Esson, atraído por la fuerza y el impacto visual de las obras de El Greco, Rubens, Velázquez, Goya, Van Gogh, David Alfaro Siqueiros, Jackson Pollock y, sobre todo, de los pintores cubanos Wifredo Lam, Servando Cabrera y Umberto Peña —de quienes toma su afición por el lenguaje surreal, neo-expresionista y pop, respectivamente—, concibe un mundo propio, caracterizado por figuras extrañas, grotescas, que rondan lo siniestro, por sus ambigüedad, de rasgos ántropo y zoo-mórficos, en escorzos brutales que nos dan la espalda, mientras observamos sus zonas genitales. Cuando indagamos sobre esas posibles influencias agregó con admiración: «Hace mucho tiempo hicieron una retrospectiva en el Museo Nacional de Bellas Artes de Cuba sobre Umberto Peña. En la escuela nos hablaban mucho de él y de otros pintores como Antonia Eiriz, estoy consciente de esa relación. Por azares del destino, Umberto fue jurado de mi tesis de grado. Sin embargo, cuando miro hacia atrás mi obra, me sorprende encontrar mayor cercanía ahora que entonces. Mi obra tiene mucho de elementos cubanos, todo está interconectado, aunque no hay citas inmediatas».

Tomás Esson funda su poética en la variante fisiológica de la escatología, esa disciplina abyecta donde reina, en este caso, la alusión pictórica a procesos orgánicos del ser humano como la digestión, la defecación o la eyaculación, los cuales utiliza como arsenal simbólico para un discurso que, además de contribuir a exteriorizar el universo interior del sujeto y prolongar las fronteras físicas del ser, confunde lo privado y lo

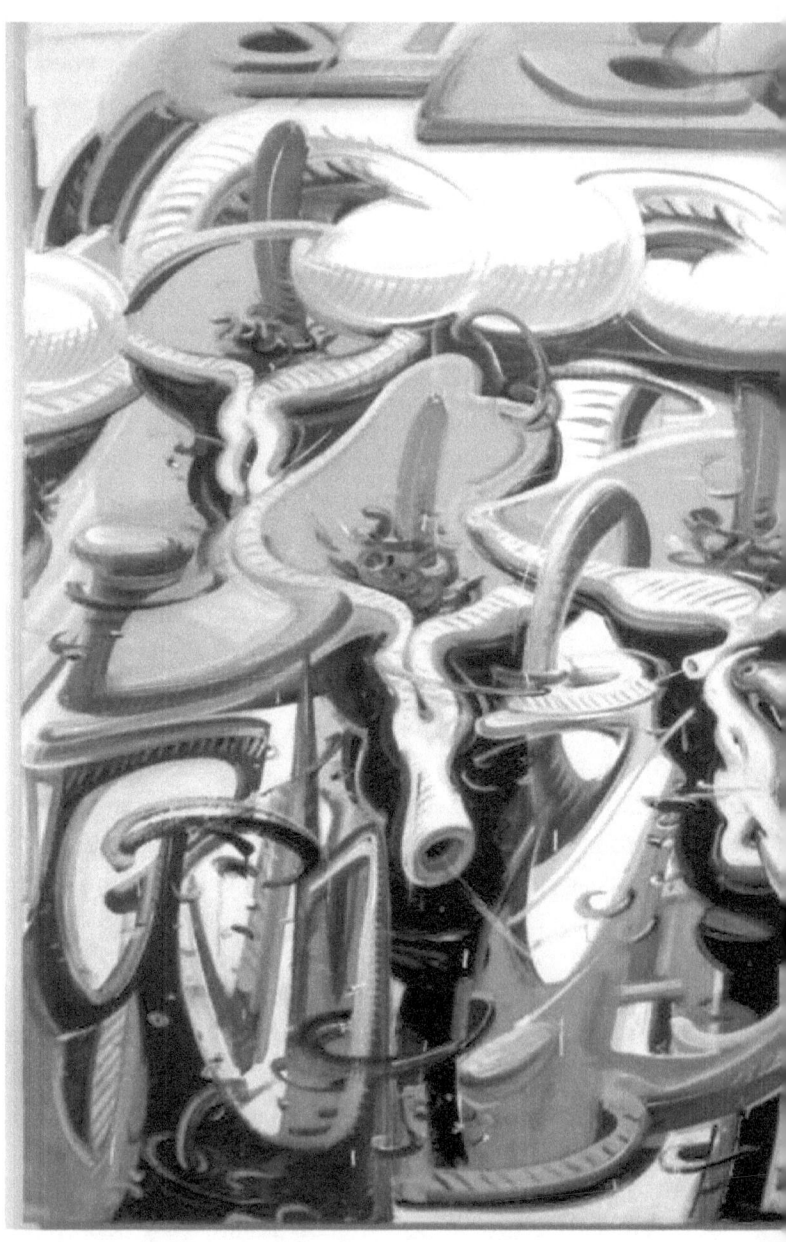

Cachumbambé (2016-2017), pintura industrial sobre lienzo, Tomás Esson.

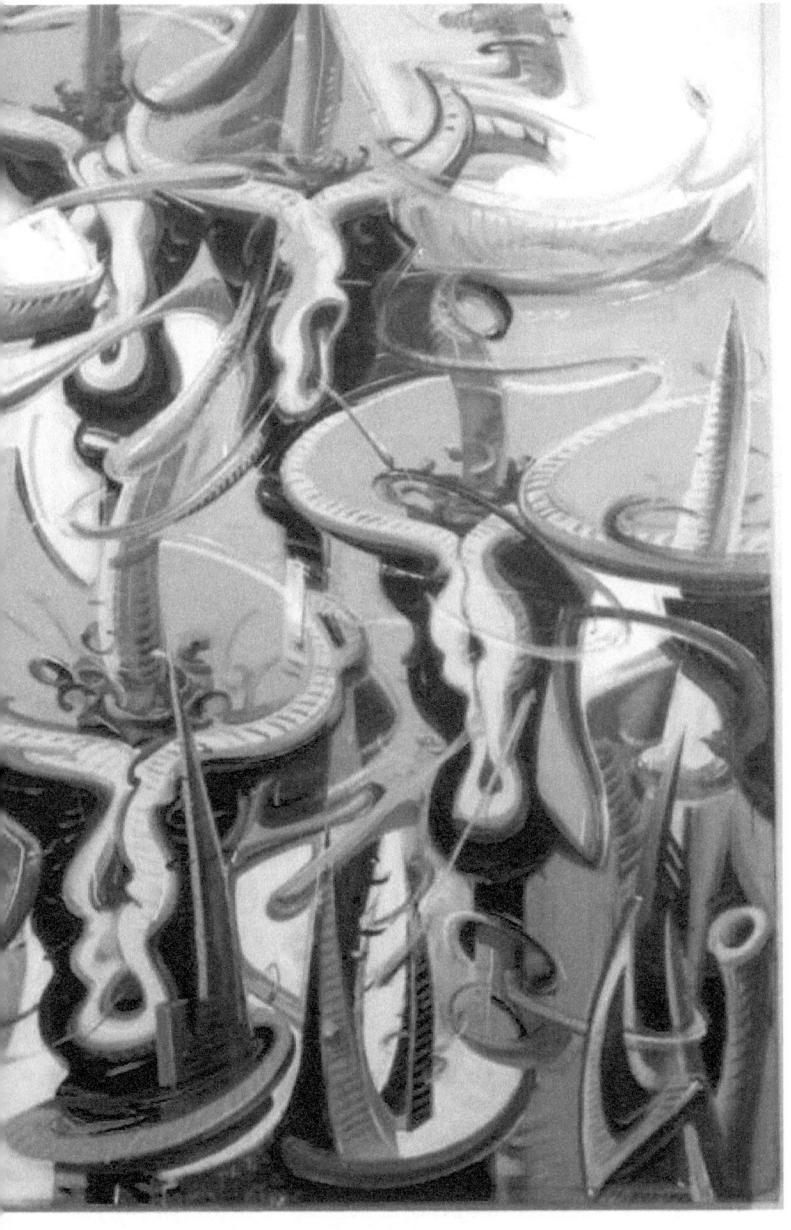

público, lo sagrado y lo profano, al tiempo que también es redefinida la noción de estética, entendida como «lo bello» y «lo bueno», para convertirse en un espacio de liberación de represiones y compromisos éticos.

Por lo cual nos enfrentamos a un universo visual que suele estar cargado de imágenes «vulgares», cuyo impacto se debe a la presentación de desechos orgánicos o a situaciones «vergonzosas» que involucran el acto sexual de forma descarnada. De ahí que, Esson incorpore a su repertorio: bocas, dientes, lenguas, vísceras, intestinos, vulvas, falos, glúteos, cuernos, saliva, orina o semen. Abstracciones donde la violencia y el exceso sitúan al espectador frente a un espectáculo que huye de la hipocresía social y los escrúpulos, para establecer analogías con la política o hacer comentarios irónicos sobre la epopeya revolucionaria; mientras parodia símbolos patrios y figuras de poder.

De pronto, se abre una confesión inédita que resume las características de su obra, cuando expresa: «Yo descubrí que todo tiene un matiz sexual, por esa razón el elemento clave que manipulo en los monstruos, en las flores, y en el resto de mi figuración es «el pelo»; esa ha sido una constante en mi trabajo. Después empiezo a alimentar esas imágenes, su aspecto húmedo, y me concentro en lograr el efecto de lo mojado en la piel. He estudiado la representación de esos *fleshy elements* a través de la historia del arte en los museos. Después pongo pelos, y entonces la figura se convierte, automáticamente, en algo sexual». A lo que añade enseguida: «por otro lado, están los puntos, esos orificios que representan el concepto de escupir y segregar, los fluidos en sí, esas partes del cuerpo que generan una visión escatológica, algo tan natural».

Este largo recorrido ha sido necesario para entender las piezas de la serie que nos ocupa, *Miami Flow*, en la cual destacan óleos sobre lino y pinturas industriales sobre lienzo como *Retrato No. 6* (1995), *Real Change* (2008), *Cachumbambé* (2016-2017) y *Oráculo* (2017). Las dos últimas, semejan remotas poblaciones de flores carnívoras, dominadas por los colores: verde, amarillo y rojo, en composiciones suntuosas y orgiásticas, de reticencias genitales, a medio camino entre la obra de Wifredo Lam y la verticalidad fálica del Art Déco. Sobre lo que el artista explicó al final: «Hace tiempo, desde que concebí la obra *Penélope*, yo hacía énfasis en lo vegetal, solo que ahora le he dado mayor protagonismo a eso que permanecía en el fondo, trayendo más alegría a mi obra, una fiesta de colores. Esta serie me ha traído gran libertad. Es un juego pictórico infinito».[26]

---

[26] Artículo publicado en «Galería 305», *El Nuevo Herald*, domingo 9 de abril de 2017, en portada, pp. 2 y 4.

FRANCISCO MASÓ: EL INDISCRETO UNIFORME DE LA VIGILANCIA

Hasta el 19 de agosto estará a disposición del público, en el espacio Connect Now Room de Arts Connection Foundation, la primera muestra individual en Miami del joven artista visual cubano Francisco Masó (La Habana, 1988). Bajo el título *Surreptitious Stripes*, la exhibición —comisariada por Katherine Chacón y Jim Peele, integrantes del equipo North-South Curators— reúne los dos primeros volúmenes del proyecto *Registro estético de fuerzas encubiertas,* que suman un total de 40 pinturas abstracto-geométricas en la técnica de acrílico sobre lienzo.

El Nuevo Herald sostuvo un intercambio electrónico con el artista para conocer los detalles de la exposición: «Los diseños en mi pintura parten de las confecciones textiles usadas por el poder político cubano (funcionarios, agentes, oficiales) en las acciones de enfrentamiento contra los grupos de oposición. Mediante los módulos de ropa entregados por organismos y centros de trabajo, los *pullovers* a rayas y camisas a cuadros se convierten en un patrón civil del pueblo uniformado, distinguible gracias a una estética geométrica particular. En este contexto, mis piezas constituyen una guía útil para reconocer las fuerzas de poder detrás de las cortinas de humo del sistema, al tiempo que, discursa sobre el estado de militarización de la sociedad civil cubana», declaró el pintor.

La estrategia de Masó, para visibilizar los mecanismos de control social en la Isla, parte del impulso mimético de la apropiación; es decir, el calco, esa relación vinculante de sentido entre el referente y la obra, que los hace idénticos. Pues se basa en fotografías y videos documentales de disturbios públicos en los que él percibe la repetición de ciertos patrones estéticos en la forma de vestir de agentes anónimos, poniéndolos al descubierto; mientras nos remite a aquella tipología social, harto conocida en Cuba —desde el choteo— como el cuadro del partido, el funcionario de la UJC, el cederista, el informante, el infiltrado o el militante, por lo general, burócratas y oportunistas disfrazados. «En el caso específico de esta serie, la información obtenida proviene además de marchas y manifestaciones en las cuales he sido testigo presencial, así como de mi relación con reporteros y periodistas independientes, que asisten a los sucesos políticos y de personas que publican en internet tales eventos», agregó.

Semejante discurso adquiere una función didáctica, en tanto propone una metodología de la advertencia, que se transforma enseguida en detonante de la paranoia colectiva. Ya que el pintor informa a la comunidad civil sobre el silencioso camuflaje de la represión, empleado por el ojo ubicuo del poder para intervenir y controlar acciones adversas. En este sentido, podríamos decir que

Masó defiende cierto activismo político desde la naturaleza inofensiva del arte abstracto, al tiempo que delimita un paisaje donde conviven *vigilantes* y *vigilados*. De modo que su pintura funciona cual espejo, devolviéndole al poder su imagen desacreditada, burlada, puesta en ridículo, como comentario ácido y risueño, empleando la propia vigilancia como antídoto.

No obstante, el artista explicó: «Debe quedar claro que no existe modificación o especulación en el proceso creativo. Mi trabajo ha sido registrar códigos estéticos tras un período de análisis de dichos materiales. ¿Cómo fui capaz de detectarlo? Pues yo diría que existe una sensibilidad o lo que prefiero llamar «predisposición» hacia la búsqueda de categorías o patrones de conducta humanos. La concientización de la relación estético-ideológica, entre los esquemas a rayas o a cuadros y las formas de control social y su empleo en la cotidianidad, demuestran, indiscutiblemente, la veracidad de mi hipótesis».

Egresado de la Academia Nacional de Bellas Artes San Alejandro en 2007, donde aprendió las técnicas tradicionales del arte (dibujo, pintura y escultura), especializándose en grabado y sus diferentes técnicas; y de Diseño Escenográfico en el Instituto Superior de Arte (ISA) en 2014, Masó nos confiesa que la «institución» educativa cubana que más ha influido en la estética de su trabajo actual y en la definición de sus preocupaciones éticas fue «la Cátedra de Arte de Conducta creada por la artista Tania Bruguera. Ello se debe a una vocación transdisciplinar, orientada a la búsqueda de nuevas metodologías y nociones de aplicación a la realidad. Así, el trabajo con información estadística y fuentes confidenciales permite que lo ético como concepto cobre un valor fundamental».

Pero el aspecto más curioso de esta producción, es el hecho de que su creador apenas se identifica con las etiquetas sugeridas por la crítica especializada, respecto a su compromiso con una supuesta abstracción constructiva (sólida, de líneas horizontales y paralelas de colores planos, por lo general monótonos), que indaga

Página 19. Volumen 1, Tomo 1 (2017), acrílico sobre lienzo. De la serie Registro estético de fuerzas encubiertas, Francisco Masó.

en la tradición de ese tipo de pintura en el continente latinoamericano, corriendo su horizonte formal desde una nueva experimentación.

Sobre ese particular Masó refiere: «nunca imaginé que haría este tipo de pinturas, ni que me catalogarían como pintor abstracto. De hecho, no me considero así, al menos, en un sentido moderno del término. Durante el último año he dedicado gran tiempo al estudio de varios textos y artistas abstractos. Uno de gran utilidad es la tesis de doctorado *Arte abstracto e ideologías estéticas en Cuba* de Ernesto Menéndez-Conde sobre las relaciones entre la práctica abstracta y la política cultural cubana después de 1959. Sin embargo, no me identifico con la abstracción de Cuba del período republicano, me refiero específicamente a la creación del Grupo Los Diez Pintores Concretos o el Grupo Los Once, ni tampoco con los creadores que, en el transcurso de más de cinco décadas, han continuado trabajando desde esa perspectiva. Mi obra, en el contexto de Cuba, se relaciona más con los preceptos de Tania Bruguera y Ernesto Oroza. Es decir, concibo la abstracción como una noción de pensamiento que, condicionada por los objetivos gnoseológicos de las investigaciones, convierte datos y patrones en geometrías reconocibles».

Podríamos afirmar entonces que su coqueteo con la abstracción geométrica más que un fin ha sido un medio, un juguete accidental del cual se vale el artista para transformar la realidad. Dicho esto me arriesgaría a decir que en su obra habita el fantasma duchampiano de la utilidad del objeto y sus posibilidades de plagio y resemantización, pues esos *pullovers* importados desde China, México, Ecuador, Estados Unidos y Panamá, que podrían ser Lacoste o de otra marca cualquiera, al final son —contradictoriamente— la misma forma de penetración ideológica a la que el poder cubano le ha temido siempre. Por lo que el gesto de convertir los diseños textiles en motivo para hacer cuadros u objetos artísticos —los cuales se me antojan como banderas extrañas o insignias de contrabando— implica la voluntad paródica y mercantilista del viejo arte pop, en este caso, con matices de denuncia social y política.

Después de entender la obra de Francisco Masó, solo después, nos acordamos de Jeremy Bentham, Michael Foucault, Gilles Deleuze, George Orwell, Bruce Nauman, Nam June Paik o Raúl Cordero, artistas que han teorizado sobre sistemas penitenciarios, panópticos, sociedades distópicas y disciplinarias, arquitecturas del miedo o sobre la hipervigilancia en las ciudades contemporáneas.

Lo más gracioso es que mientras el mundo entero sucumbe a las trampas de la tecnología y descarga una *app* para seguir (*to follow*) y ser per-seguido (to be *followed*), voluntaria o inconscientemente, en Cuba, el juego aun consiste en cambiarse un uniforme a rayas por uno a cuadros, camuflaje tercermundista, cuyos promotores ignoran, seguramente, las nociones elementales del mundo *fashion*.[27]

---

[27] Artículo publicado en «Galería 305», *El Nuevo Herald*, domingo 30 de julio de 2017, p-2.

CAPÍTULO III

LA CRÍTICA DE ARTE Y LOS ARTISTAS: UNA RELACIÓN VIGOROSA

LA CRÍTICA PRECOZ O EL ESTRENO DE OTRAS VOCES[28]

Primeramente, debo señalar que mi definición de «crítica joven» está determinada por mi corta experiencia y relación con la Historia del Arte, en tanto profesor, investigador y crítico, aunque habría preferido un círculo más amplio que comprendiera «la cultura» de manera general; pero esa es una competencia en la que apenas doy los primeros pasos. De modo que no puedo valorar todavía su estado en la actualidad. Dicho esto, entiendo como «crítica joven», el ejercicio sistemático del criterio por parte de un grupo reducido de jóvenes, que podríamos llamar «geniecillos» o «pequeña élite». Dígase, estudiantes universitarios recién graduados de carreras humanísticas o de ciencias sociales —como Filología, Historia del Arte, Periodismo, Comunicación Social, Filosofía, Historia u otras especialidades dentro de la enseñanza artística como la Dramaturgia y la Teatrología— que haciendo gala de un riguroso aprendizaje académico, una

---

[28] Las ideas aquí expuestas formaron parte del debate *Crítica Joven ¿utopía o realidad?*, durante las sesiones de El Madrigazo, evento promovido por la Asociación Hermanos Saíz (AHS), en jornada de celebración por su 25 aniversario.

vocación fatal por la escritura o un talento a prueba de balas, deciden lanzarse al mundo editorial con el ánimo de compartir sus opiniones.

Sabemos que resucitar el discurso crítico sin quebrar la tradición de un género literario cultivado históricamente por brillantes defensores en nuestro país es una ardua y riesgosa labor que no todos vencen con éxito. De ahí que se tienda a confundir esta crítica joven con gestos irreverentes, inmaduros, vulgares, cínicos y especialmente polémicos. Personalmente, considero que nuestros puntos de vista no debieran desestimarse caprichosamente, siempre que se trate de provocaciones honestas, consistentes, profundas y reveladoras. Esa podría ser otra manera de enriquecer los debates sobre el arte y la cultura en nuestro país. Al menos aquí en La Habana sobran espacios —me refiero a las publicaciones de perfil artístico-literario como: *Upsalón, Extramuros, Dédalo, La Gaceta de Cuba, Revolución y Cultura, La Siempreviva, Noticias Artecubano, Arte por Excelencias, Cine Cubano, Tablas*— donde pueden colaborar los jóvenes, y como —en efecto— lo hace a duras penas esa pequeña élite a la que me refería al inicio. Solo que, por lo general, esos mismos espacios están reservados para autores legitimados. Lo cual significa, naturalmente, una garantía de prestigio y calidad para las revistas en cuestión. Bajo dicha política, he notado que los textos de las —conocidas y no sé si mal llamadas— «vacas sagradas» hacen zafra, dejando un delgado margen para nuestras «desasosegadas» conjeturas.

Aunque es válido aclarar que no todas las editoriales son extremistas, conservadoras y antidemocráticas, debemos reconocer que en los circuitos de poder, desde donde se negocia el acceso de los más jóvenes, perviven juicios ortodoxos que se resisten a valorar poéticas arriesgadas o especulativas, al tiempo que se subestima el talento joven. Un ejemplo de ello, es la tendencia reciente de algunos jurados de concursos, que deciden —quizás por un recelo generacional, al tratarse de rigores, formaciones, intereses o coyunturas diferentes— declarar los premios desiertos en sus distintas categorías, alegando que ningún trabajo reúne las condiciones suficientes (pareciera temor o prejuicio). En este sentido recuerdo una confesión que me hiciera Rufo Caballero en un correo electrónico hace ya algún tiempo, donde escribía: «No sabes la enorme tranquilidad que me da leer la sabiduría y la destreza de la gente que viene detrás, con un empuje que mete placer en lugar de miedo». Obviamente se refería a la pertinencia del relevo, a esas voces que hoy se atreven y hay que darles paso, porque seguramente —y sin paternalismo alguno— serán los autores consagrados de mañana.

Ante esta negativa, es que algunos críticos jóvenes acuden a otras variantes; digamos, alternativas como los blogs en Internet, tertulias o espacios de debate y organizaciones como la Asociación Hermanos Saíz. Entornos que facilitan la movilización del criterio y la mengua de la censura entre otras cosas; pues dentro de la oficialidad no se puede hacer contracultura. Por mucho que se sepa que la crítica también edifica, se le tiene como un arma enemiga y se equivocan. Ese es otro síntoma de la «paranoia cederista». Espero que esta vez mi texto no cause rubor y se publique. A fin de cuentas, hacen falta reclamos como este, aunque para cambiar las cosas sea necesario ponerlas de cabeza. La crítica, no por precoz, tiene necesariamente que ser deficiente, irrespetuosa, irracional o excesiva. Pensemos, por el bien de nuestra cultura, que la nueva crítica a menudo oxigena y fortalece. ¡Salud![29]

---

[29] Artículo publicado en *Alma Mater*, No. 508, febrero de 2012, pp. 25-26.

ELVIA ROSA CASTRO, UNA VOZ DEMASIADO FUCSIA

Ya está disponible en la librería del Pérez Art Museum Miami (PAMM), *Los colores del ánimo*, el libro más reciente de la curadora, crítico de arte y editora independiente cubana, Elvia Rosa Castro (Sancti Spíritus, 1968). Dicho volumen tiene la peculiaridad de ser el primer material publicado por *Detrás del Muro Ediciones*, empresa creada a inicios de este año en Cuba, a partir del proyecto curatorial homónimo, que tuviera lugar durante la XII Bienal de La Habana.

Se trata de una compilación de textos prácticamente desconocidos, muchos de ellos escritos por encargo, que ya habían sido publicados desde 2007 hasta la fecha en libros, revistas y catálogos fuera de Cuba y en su blog *Señor Corchea*. «No hay quien me quite de la cabeza que hay cierto descaro en eso de compilar textos que ya fueron publicados (y en su mayoría pagados). Es, en efecto, una desfachatez y un síntoma de decadencia mental. Está muy claro que estos gestos, al menos en mi caso, están básicamente convocados por la vanidad.

Algo así como el erotismo que hay en la idea de ver otro libro publicado», confiesa la autora.

Aunque parezca inverosímil, Elvia Rosa (licenciada en Filosofía, con una maestría en Historia del Arte, cinco libros publicados y varios reconocimientos por su esmerada trayectoria), radica todavía en la Isla, en un lugar de El Vedado, La Habana, que ella misma bautizara hace algún tiempo como *El Observatorio de Línea*, pero está siempre inmersa en grandes proyectos y exposiciones internacionales, que tienen, por lo general, una mirada abarcadora e inclusiva. De ahí que sea una mujer cosmopolita, con ideas sofisticadas. Tanto es así, que sin importarle su estatus intelectual «se ha mudado» a una plataforma popular como es Facebook (esto teniendo en cuenta las limitaciones de conectividad que existen en Cuba), donde comparte pruebas diarias de su inteligencia, iniciativas sobre arte y frecuentes raptos de *glamour*; provocaciones que palpitan de igual modo en esta obra.

Estamos en presencia de un libro autobiográfico, pues al decir de su autora: «es una extensión bastante fiel de mí, cualquiera viene y puede psicoanalizarme a través de él sin mucho esfuerzo, soy así, spinozista, un libro abierto», a lo que añade luego «de cierto modo porno es un retrato, pues resume la manera y los términos en que suelo pensar y divertirme, visto no solo a nivel de escritura sino también del diseño gráfico». Este libro hace hincapié en el escenario donde ha transcurrido esencialmente la vida de Castro desde 2008 hasta hoy: Facebook. «Se trata de un teatro que me permite trabajar y expandir cierta dosis de frivolidad y narcisismo. Es decir, Facebook ha sido el ágora ideal para mí, igual que una suerte de terapeuta y Celestina, (…) así que todo culto que le rinda es poco».

Esta propuesta editorial está estructurada en tres capítulos y un álbum gráfico, los primeros, *Textos de Portada*, *Textos de perfiles y Egoterapia*, se corresponden con temas generales sobre arte, estudios monográficos de artistas cubanos emergentes, y un grupo de cinco entrevistas realizadas a la autora, respectivamente. El diseño, por su parte, imita la visualidad de las redes sociales, con corazones y emoticonos incluidos al final de algunas frases como si se tratara de un chat, divertimento y expresión de la naturaleza lúdica e irreverente de la autora, de su identidad misma. Allí utiliza términos extranjeros, se apropia del vocabulario de perfil electrónico procedente del mundo digital, pone títulos tan ocurrentes como *Under pressure (entre el ébola, un paquete de chiclet y un deadline)* o bien simpáticos como *¿Qué pensarán de Mosquera en Japón, pón, pón?*, etcétera.

Elvia Rosa Castro es dueña de un lenguaje diáfano y popular, un discurso voluptuoso al que no le falta enjundia y sentido crítico. Sus ensayos sobre arte alcanzan profundidad, elegancia y al mismo tiempo el desaliño propio del intelectual bohemio, relajado. Al decir de Gretel Acosta, prologuista del libro, la mejor virtud de la autora es su capacidad para suavizar los argumentos más densos, desde un tono coloquial, de acento más cotidiano, que hace inmensamente disfrutable su lectura. Ya sabemos que a Elvia «le encanta seducir y ser admirada por cientos de internautas más que por un interlocutor real». *Los colores del ánimo* más que un libro es una fiesta de los sentidos.[30]

---

[30] Artículo publicado en «Galería 305», *El Nuevo Herald*, domingo 16 de agosto de 2015, p-2.

PÍTER ORTEGA O LA CRÍTICA DE ARTE COMO ESPEJO

El próximo martes 10 de noviembre a las 8 de la noche tendrá lugar en la conocida librería Books and Books de Coral Gables la presentación del libro *El peso de una isla en el amor de un pueblo*, de la autoría del comisario y crítico de arte cubano radicado en Miami, Píter Ortega. El cual constituye un segundo gesto compilatorio tras la suerte editorial de *Contra la toxina* (2011), su primer volumen publicado en La Habana por el Instituto Cubano de Investigación Cultural Juan Marinello. La presente edición, con poco más de un centenar de páginas y una veintena de textos sigue la misma lógica del libro anterior, pues se ocupa fundamentalmente de sistematizar la obra de artistas cubanos contemporáneos entre otros asuntos de interés; aunque este tiene el mérito de circular en el mercado estadounidense.

Píter Ortega (Nueva Paz, Cuba, 1982), quien actualmente se desempeña como curador en la galería N'Namdi Contemporary Fine Art (Wynwood, Miami), supo enrumbar bien su carrera después de licenciarse en Historia del Arte por la Universidad de La Habana en 2006, pues escogió el difícil y polémico camino de la crítica especializándose en artes visuales, al tiempo que colaboraba con numerosas revistas y catálogos. De ahí que llame la atención la coherencia y sistematicidad conque ha trabajado todos estos años, habiendo comisariado más de 20 exposiciones de arte cubano contemporáneo en galerías de Cuba y del extranjero; además de recibir en 2008 el Premio Nacional de Crítica de Arte «Guy Pérez Cisneros», otorgado por el Consejo Nacional de las Artes Plásticas de la República de Cuba.

Inspirado en el célebre poema *La isla en peso* del escritor cubano Virgilio Piñera, el título del libro se hace extenso, pero orgánico, sobre todo, cuando comprobamos que el dilema de la cubanidad se convierte en una suerte de *leitmotiv* que atraviesa toda la lectura. Noción respaldada por la imagen de cubierta con la obra *Fluido* (2008) del artista Jorge Otero, que muestra el retrato hiperrealista y trucado de una chica con una «lágrima» en el rostro (metáfora irónica y síntesis nostálgica de la relación del sujeto cubano con su patria). El trabajo de este joven artífice es también analizado por Ortega Núñez en el cuerpo del libro junto a la producción más reciente y/o emblemática de artistas como Wilfredo Prieto, Carlos Martiel Delgado, Andrés Serrano, Rocío García, Juan Roberto Diago, Carlos Ernesto García, Jorge Santos Marcos, Lidzie Alvisa, Dionel Delgado, Joel Corrales o el grupo *Stainless*, entre otros.

Estructurado en cuatro capítulos breves, *El peso de una isla en el amor de un pueblo* reúne un grupo de reseñas y ensayos sobre arte cubano, publicados durante los últimos cinco años, aunque contiene textos inéditos y otros que fueron escritos expresamente para conformar el volumen. De modo que está integrado por varios artículos de corte monográfico a propósito de los artistas antes mencionados; ensayos que problematizan el impacto del reggaetón y los rezagos de la homofobia en la sociedad cubana actual, respectivamente; reseñas sobre exposiciones puntuales en los escenarios artísticos de Miami o Nueva York, publicadas por el autor en *El Nuevo Herald*, y otros textos provocativos, que resumen tópicos de actualidad.

Quien lea este libro podrá constatar en sus páginas una escritura impecable, narrada en primera persona; así como criterios sólidos respaldados por un conocimiento cabal de los procesos artísticos y las operatorias del discurso posmoderno, además de ostentar el crédito de continuar la tradición de la crítica de artes plásticas en Cuba, al acompañar a generaciones de artistas emergentes en los años 2000 como hiciera Gerardo Mosquera con los exponentes del Nuevo Arte Cubano en la década de los 80 o Rufo Caballero a finales del siglo pasado.

Pero esos mismos análisis de vocación ensayística que ponderan la interpretación y le conceden lugar especial a la fábula, están a un tiempo cargados de autorreferencias, pues Ortega Núñez además de hacer olas de sarcasmo y valerse de un lenguaje atrevido e insinuante, confunde la necesidad de expresión —sobre el tema que mejor domina— con un confesionario donde publica sus obsesiones, entre las cuales domina un marcado narcisismo. Sus textos se parecen a él de forma tan evidente, que pareciera utilizar la crítica de arte como un espejo donde mirarse o una *selfie* de moda que comparte con el resto del mundo. Sin que el juego o la «perversión», ni la tendencia al espectáculo, al circo del yo, sean valores antipáticos, para algunos lectores dicha actitud puede resultar esnobista e innecesaria sobre todo cuando la inteligencia no tiene que ir siempre disfrazada de carnaval para ser auténtica. De todos modos, estamos ante un libro consistente y divertido que nos asoma a un mundo entrañable de las manos de un experto.[31]

---

[31] Artículo publicado en «Galería 305», *El Nuevo Herald*, domingo 8 de noviembre de 2015, p-7.

ARTISTAS DE LA HABANA EN MIAMI: LA NUEVA SUERTE DEL ARTE CUBANO

En pocas horas tendrá lugar en las instalaciones del Pérez Art Museum (PAMM) la segunda fase del proyecto *Dialogues in Cuban Art*[32], concebido por la especialista en Arte Latinoamericano y curadora independiente, Elizabeth Cerejido. Se trata de un simposio de dos días sobre las problemáticas y experiencias del intercambio cultural reciente entre artistas cubanos de la Isla y artistas cubano-americanos, radicados en La Habana y Miami, respectivamente, centros de importante actividad artística, aunque bajo la influencia de desiguales condiciones de mercado.

El principal objetivo de esta iniciativa, según sus bases conceptuales, consiste en «proporcionar una plataforma discursiva y expositiva que facilite el diálogo intelectual entre artistas y curadores, en un esfuerzo por ampliar la comprensión del arte cubano más allá

---

[32] El simposio tuvo lugar en las instalaciones del Pérez Art Museum en Miami los días 28 y 29 de abril de 2016.

de las demarcaciones geográficas». De ahí que entre los meses de mayo y junio de 2015, un grupo de artistas cubano-estadounidenses viajaran a La Habana —por primera vez— para visitar museos, estudios privados y espacios alternativos, además de instituciones como la Fundación Ludwig de Cuba, el Instituto Superior de Arte y la Casa de las Américas, donde se desarrollaron charlas, mesas de discusión y presentaciones de artistas en intensas jornadas de trabajo.

En esta ocasión, corresponde a los artistas cubanos y a un selecto grupo de especialistas, visitar estudios, galerías, coleccionistas y otros agentes culturales en Miami, en coordinación con el Departamento de Lengua y Literatura Modernas del Observatorio de la Universidad de Miami, así como el Centro de Estudios Cubanos de la Universidad Internacional de Florida. Todo esto como sustancioso preámbulo de una gran exposición que organizarán para 2018 o 2019 las expertas Elizabeth Cerejido e Ibis Hernández Abascal, donde primará como interés fundamental «reunir la producción simbólica de estos artistas, en representación de diferentes generaciones, en torno a diversos temas que funcionarán como puntos de diálogo o de contrapunto entre ambos centros artísticos, La Habana y Miami».

Cerejido, la máxima gestora de este simposio en entrevista para *El Nuevo Herald* calificó el evento como «importante, consecuente, de un impacto personal y cultural», el cual ha venido organizando durante los últimos dos años. Ante la actual coyuntura de las relaciones diplomáticas entre los gobiernos de Cuba y los Estados Unidos, y el papel del arte como canal idóneo para la reconciliación, expresó: «la paz es un concepto demasiado amplio, además no estamos en guerra, pero sí creo en la posibilidad del entendimiento mutuo desde el punto de vista cultural, más concretamente, en la interacción entre personas, cara a cara, compartiendo una misma experiencia, con respeto y sin jerarquías».

Entre las preocupaciones más frecuentes de los debates estarán «la identificación de expresiones de continuidad y diferencias culturales, temas de identidad y su manifestación en las artes visuales, relatos sobre la nación y la diáspora, el arte cubano en el mercado global y sus prácticas, así como la exploración de nuevas oportunidades para la comprensión mutua». El programa general de actividades desarrollado entre el 20 y el 30 de abril auspiciado por James L. and John S. Knight Foundation y The Related Group, culmina después del simposio.

Después de la bienvenida al público por parte de los directivos del Museo, tendrán lugar los paneles: *Introduction About The Project: Shifting Perceptions, Transnational Movements between Miami and Havana* a cargo de Sandra Ramos, Alexandre Arrechea, Glexis Novoa y Emilio Pérez, moderado por Elizabeth Cerejido; seguido de *Mapping the Development of Cuban Art in Miami: Private Consumption, Public Circulation* con la participación de Ramón Cernuda, Fred Snitzer, Peter Menéndez, Howard Farber, liderado por Juan Martínez; y por último, *Dialogues: Cuban and Cuban-American Artists in Conversation: Part 1* con Humberto Díaz, Bert Rodríguez, Reynier Leyva Novo, Marcos Valella, Juana Valdés, Rubén Millares, Felipe Dulzaides, Wilfredo Prieto y René Morales (curador del PAMM).

Mientras que el viernes sesionará el panel *El arte cubano a través del lente institucional: desde lo oficial a lo alternativo* con la intervención de Aylet Ojeda (Curadora del Museo Nacional de Bellas Artes), Ibis Hernán-

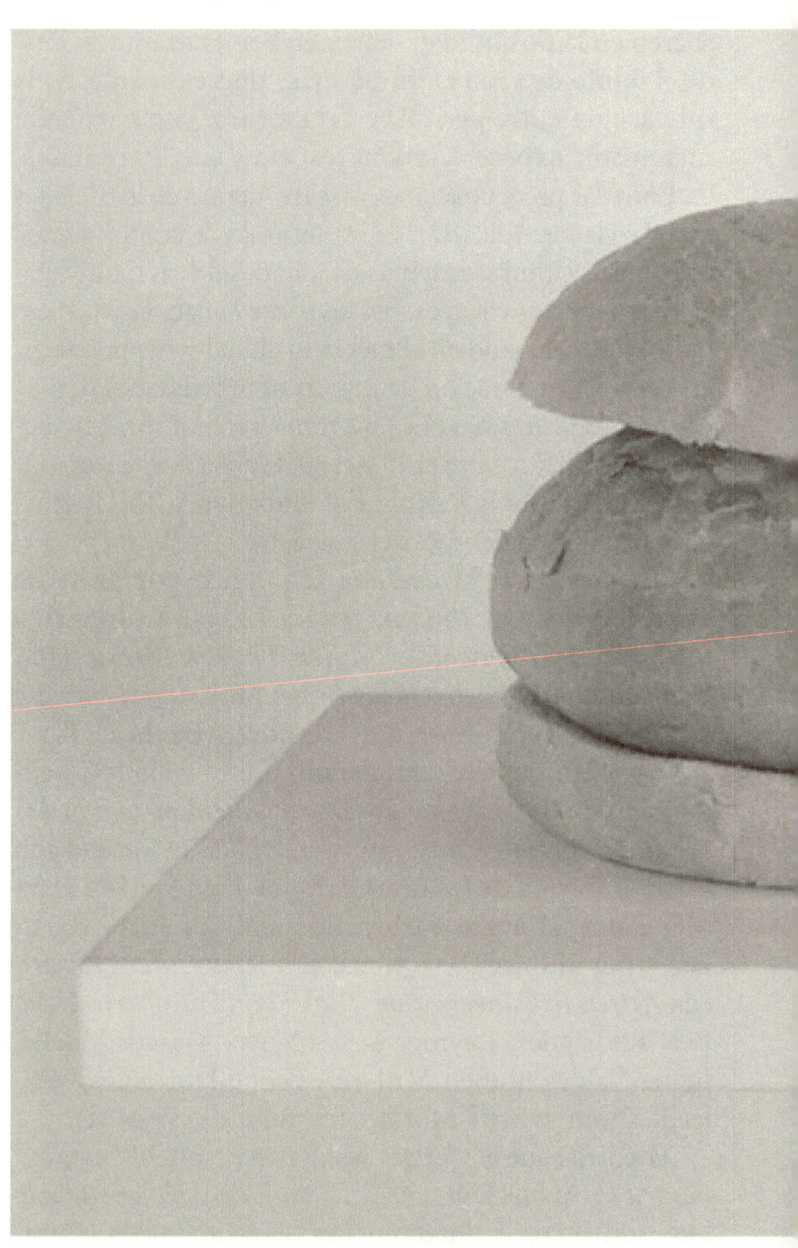

Pan con pan (2011), instalación, Wilfredo Prieto.

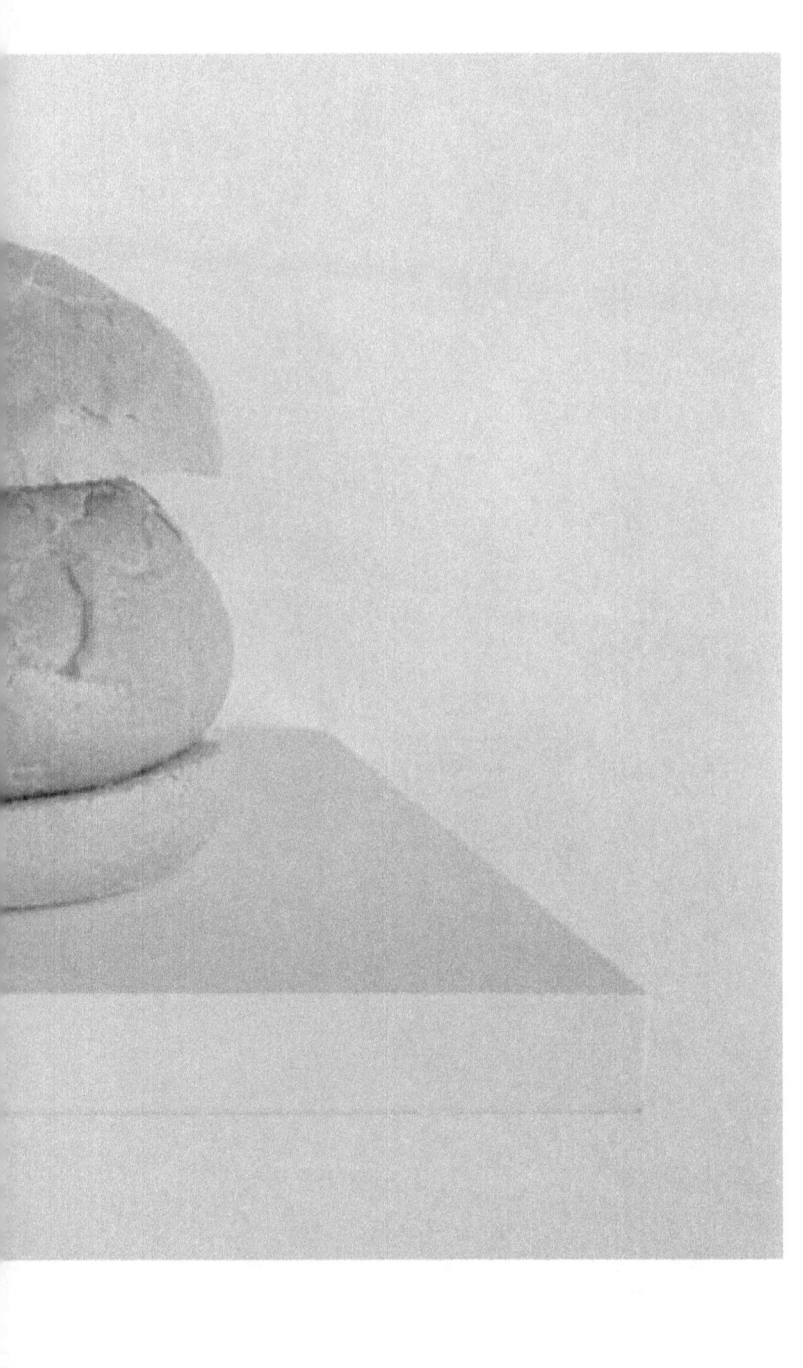

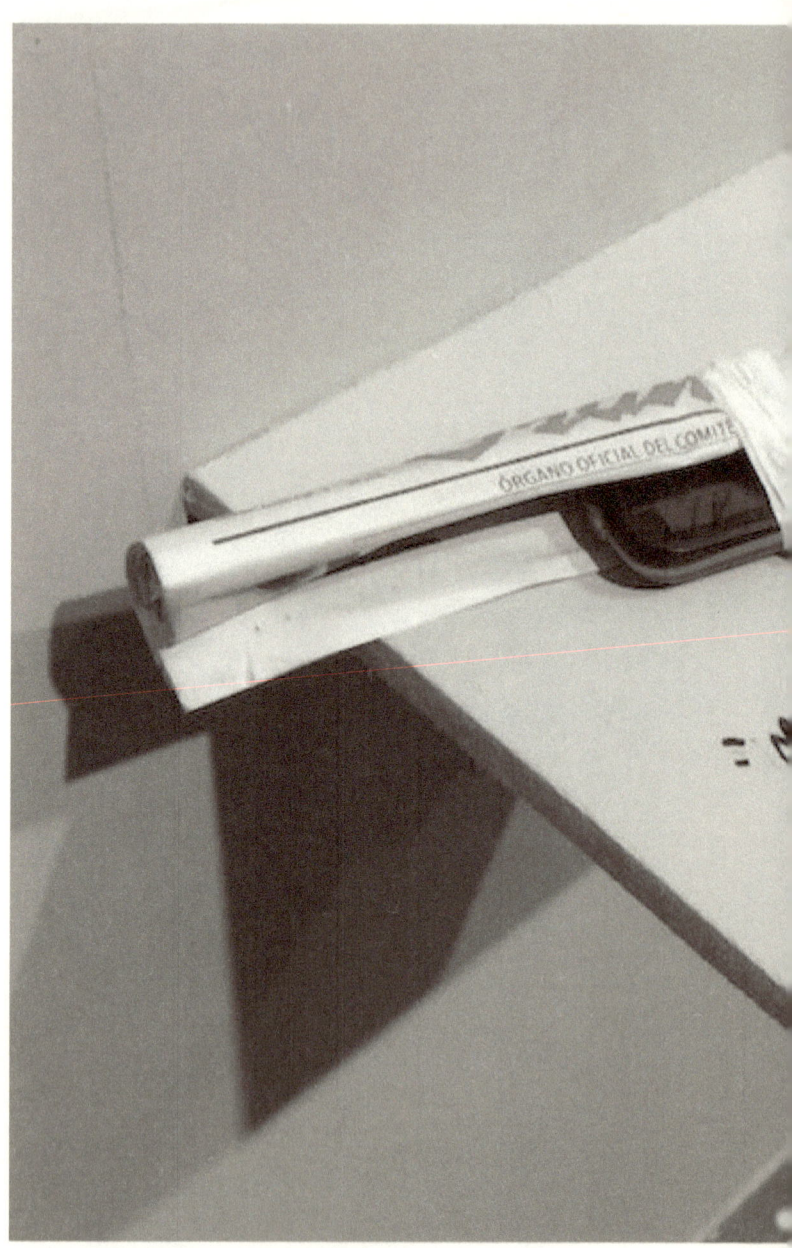

Bajo presión (2014), instalación, Lázaro Saavedra.

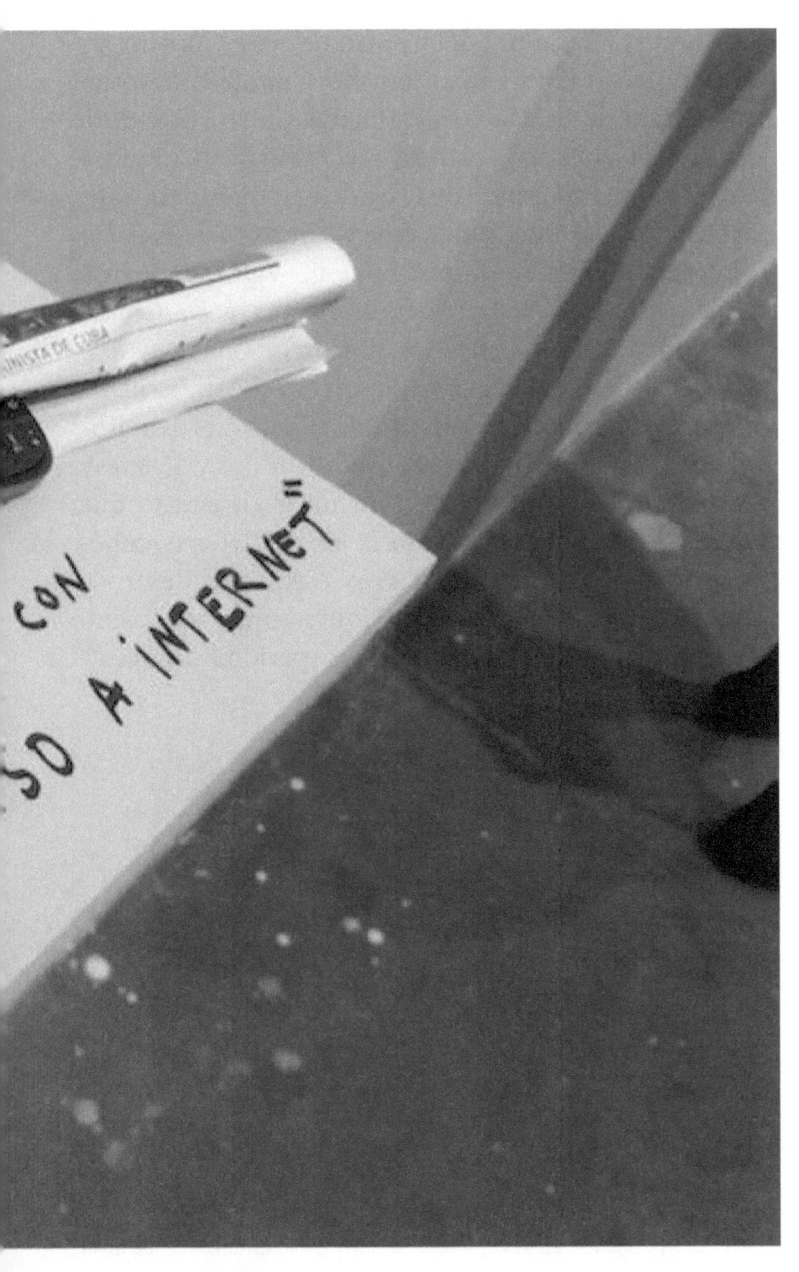

dez Abascal (Curadora del Centro de Arte Contemporáneo Wifredo Lam y miembro del Comité Curatorial de la Bienal de La Habana), Onedys Calvo (Curadora de Factoría Habana), Nahela Hechevarría (Curadora de Arte Contemporáneo de Casa de las Américas), Sandra Ceballos, (artista, fundadora y directora de Espacio Aglutinador), moderado por Eugenio Valdés Figueroa (Director de CIFO). Después se efectuará *Dialogues: Cuban and Cuban-American Artists in Conversation: Part 2* con la participación de Glenda León, Ernesto Leal, Inti Hernández, Yornel Martínez, Leyden Rodríguez Casanova, Lázaro Saavedra, Manny Prieresy y Yuneikys Villalonga. Este será un gran evento que solo reportará ganancias para la suerte del arte cubano contemporáneo y sus actores culturales dentro y fuera de la Isla. Ojalá se multipliquen iniciativas como esta en función del diálogo y la prosperidad del arte.[33]

---

[33] Artículo publicado en «Locales», *El Nuevo Herald*, jueves 28 de abril de 2016, pp. 3-4.

LA FIEBRE DEL ARTE EN MIAMI

Hasta el próximo 15 de enero seremos testigos de una exposición colosal de artes visuales en nuestra ciudad, un megaproyecto titulado *100+ Degrees in The Shade: A Survey of South Florida Art*, comisariado por la especialista Jane Hart con la asistencia de dos laboriosas cariátides, Chris Ingalls y Nina Arias. Como su propio título indica se trata de un evento que pretende visibilizar la producción simbólica más representativa de los artistas radicados en Miami durante los últimos 30 años —sin obviar la calurosa noción de trópico, aunque lo más relevante de esta convocatoria, no solo radica en el oportuno aterrizaje geográfico, sino en el hecho de sistematizar el devenir del arte floridano— mientras se le toma la temperatura a un fenómeno en auge creciente, al que le sobra historia para otras antologías.

Como una ola expansiva y teniendo en cuenta la interminable nómina de artistas participantes, nada más y nada menos que 170, así como la limitada infraestructura de los espacios de exhibición alternativos ante la demanda de la Feria Internacional de Art Basel, esta gran exposición se ha atomizado en múltiples sedes: Design Sublime, Carol Jazzar Contemporary Art y Laundromat Art Space, entre otras, para un total de nueve; la mayoría en los predios de Little Haiti y el Miami Design District, teniendo su principal concentración de obras en una galería de 3900 North Miami Avenue. Ante dicha masividad, es lógico que asistamos a un show mixto, multidisciplinar, donde confluyen expresiones artísticas tan variadas como dibujo, pintura, escultura, instalación, fotografía, *collages*, video-proyecciones y *performances*. La amplitud de esta muestra está enfocada también hacia «la innovación, el impacto y la inspiración de estos artistas en medio del exuberante entorno urbano del sur de Florida».

La curadora principal del evento, Jane Hart, explicó que lo más interesante para ella es conocer la inmensa riqueza de talento que existe en la región y la extraña forma en que este no es reconocido por ese gran segmento del mundo del arte que frecuenta Miami cada año. De ahí que el título de la muestra —en su traducción al castellano— *Más de 100 grados a la sombra*, rescate con afán reivindicatorio y orgullo localista, la suerte de un grupo de creadores que no ha dejado de trabajar desde principios de los 80 y otros de carrera más reciente, cuyas propuestas arriesgadas le otorgan un lugar privilegiado en el panorama artístico. Resulta comprensible entonces, la pasarela, el inventario; una suerte de encuesta donde figuran nombres imprescindibles. Esta exhibición tiene además el valor histórico añadido de ser la segunda iniciativa aglutinadora, quince años después de *Globe>Miami<Island,* comisariada en 2001 por el artis-

ta Robert Chambers en el Bass Museum of Art. De modo que constituye un gesto magnánimo —a todas luces— festivo.

Entre las piezas más llamativas se encuentran, por ejemplo, la escultura *Kanis Major* (2015) del propio Chambers, que emula con la figura de un perro, concebido a partir de rocas de coral fosilizado. El título de la pieza alude al nombre de una constelación celeste, que según la mitología griega recuerda a Lélape, un can que Zeus regaló a Europa y luego convirtió en piedra. Otra de las obras de alto vuelo conceptual y excelente factura es *Stump Speech* (2015) de Don Lambert. Late allí una suerte de discurso ecológico, pues observamos el tronco talado de un árbol sobre dos maderos de color fucsia que simbolizan, tal vez, la deforestación de selvas vírgenes o la fuerza avasalladora de los incendios forestales. Lo cierto es que llama la atención en medio de la galería, pues siempre nos duele ver a un árbol desnudo, despojado de su follaje o arrancado de su hábitat (metáfora también del desarraigo, la soledad y un sinfín de conjeturas).

Así mismo, *Hollow Column and Blinds* (2014) de Leyden Rodríguez-Casanova, excava en la experiencia heredada de Duchamp, y su pasión por el *ready-made*, al escoger una columna hueca y una persiana de aluminio, ambas de procedencia industrial y hacerlas convivir en un mismo plano simbólico, al tiempo que se conecta con la imagen surrealista (incongruente y paranoica). El simple hecho de doblar la persiana en forma de cono ya le confiere fuerza creadora y originalidad al gesto vago de trasponer o recontextualizar dichos elementos. Palpita en esta pieza el grosor de la metonimia, la parte por el todo, queriendo aludir a algo que de otra manera sería irrepresentable, de mayores dimensiones. Hazaña bien resuelta, aunque desde otra perspectiva, en la fabulosa instalación de FeCuOp, titulada *Goodnite Moon* (2015), acomodada en una habitación estrecha y oscura con paredes, estantes y objetos —como botellas, cafeteras y adornos— todos pintados de negro. Donde destaca como centro de atención, a pesar de un título tan elusivo, una casa de juguete, rodeada de maderos afilados dispuestos de forma caótica como apuntalando ese hogar común, más típico de una película de horror que resultado de la metafórica convivencia de tres artistas de origen cultural diferente al interior de dicho grupo. Quienes han pretendido construir una suerte de siniestra torre de Babel, coronada por una halo luminiscente que representa la luna.

Artistas como Sergio Vega, Gonzalo Fuenmayor, Carlos Betancourt, Pepe Mar, Charles Falarara, Emilio Pérez, Bert Rodríguez, Robert Chambers, Francesco LoCastro, Beatriz Monteavaro, Florencio Gelabert, Sri Prabha, Gina Cunningham, Brandon Opalka, Christian Curiel, Westen Charles, John DeFaro, Carol Jazzar y Rubén Millares, más otro centenar de ellos, integran esta significativa muestra. Me encantaría propiciar un acercamiento a la obra de todos, pero es poco menos que imposible. En su lugar, les recomiendo el catálogo, un libro en *hard cover* de 220 páginas, diseñado por Misael Soto y con sendos ensayos críticos e historiográficos de Erica Ando y Sandra Schulman. Solo puedo despedirme con mi arrobo por la obra de Dara Friedman, particularmente, su serie *Romance*, integrada apenas por la impresión de fotogramas extraídos de proyecciones en DVD. Momentos íntimos entre amantes que se besan, sorprendidos con su cámara. Ella capta ese instante decisivo, fugaz, y lo sublima al escogerlo como discurso central de su obra. Las variaciones según los sujetos y la pixelación de la imagen, nos habla de un sentimiento universal, espontáneo y limpio, de la entrega sensual y amorosa.[34]

---

[34] Artículo publicado en «Galería 305», *El Nuevo Herald*, domingo 6 de diciembre de 2015, en portada y p-7.

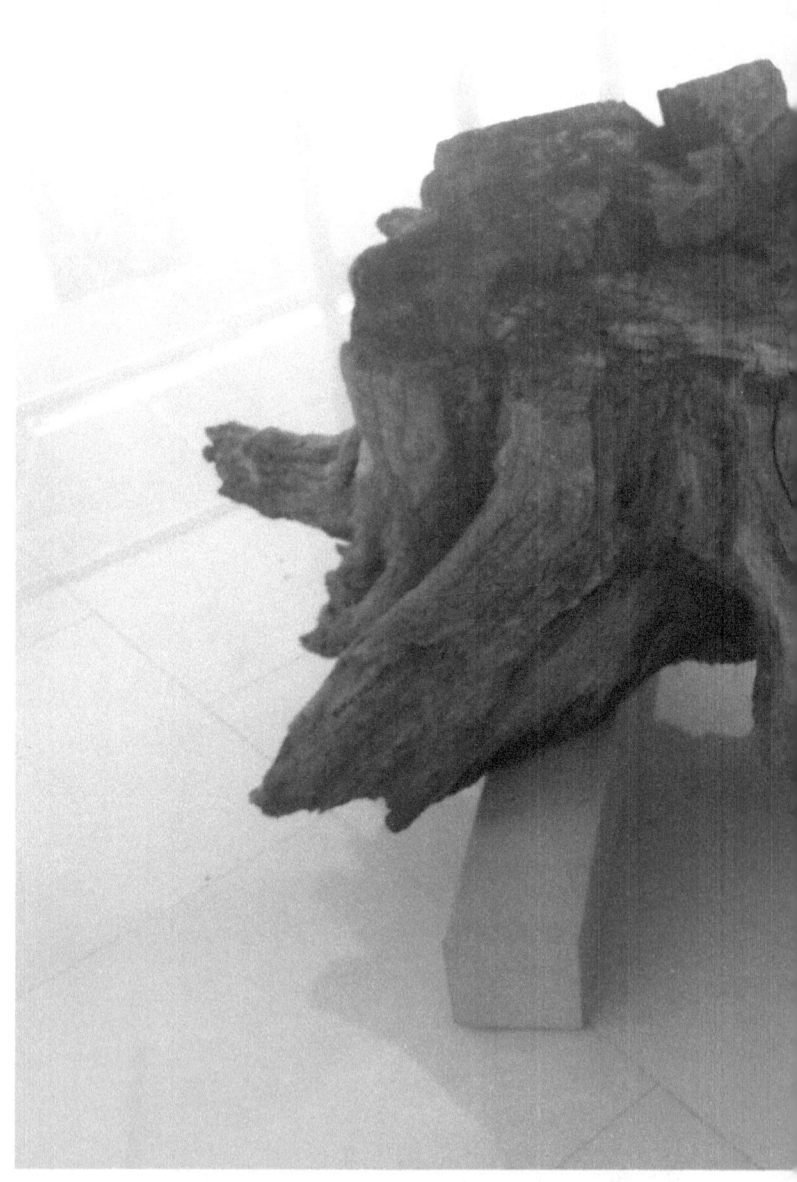

Stump Speech (2015), instalación, Don Lambert.

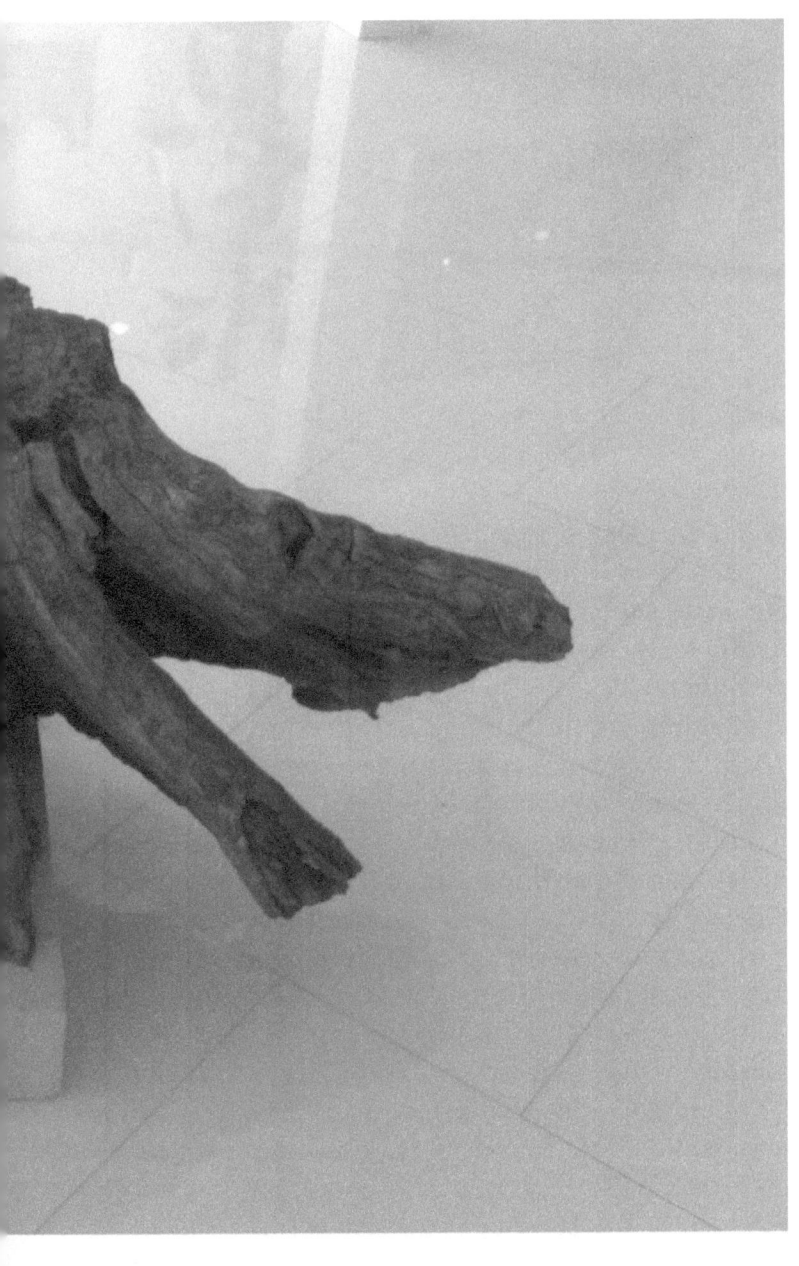

UN PASEO EN GÓNDOLA

Hasta el próximo 16 de enero estará a disposición del público en la Rimonim Art Gallery, ubicada en la barriada de Little Haiti, la muestra colectiva *From Venice to Miami,* comisariada por el crítico de arte Píter Ortega Núñez. La exhibición, integrada apenas por 5 piezas e igual número de artistas de diversas nacionalidades, posee como señuelo el pedigrí de haber formado parte de una exhibición anterior titulada *Personal Structures* durante la 56 edición de la Bienal de Venecia; acaso una de las plazas más importantes del mundo. Por lo que tenemos la extraña oportunidad y, al mismo tiempo, la garantía de acceder a una obra avalada por cientos de miles de espectadores antes de desembarcar en Miami.

La nómina de artistas participantes celebra la diversidad cultural desde un posicionamiento inclusivo y cosmopolita. Sin contar, que la mayoría de ellos ha emprendido viaje de sur a norte, o sea, desde sus países de origen hacia otras ciudades en las que residen actualmente, para consolidar sus respectivas carreras; un matiz que define también, seguramente, la naturaleza de sus discursos. Me refiero a Norma López (Colombia-USA), Marcello Martínez Vega (Ecuador-Alemania), Beatriz Gerenstein (Argentina-USA), Josephine Turalba (Filipinas) y Rene Rietmeyer (Holanda).

La iniciativa de atravesar el mundo para darse a conocer en Miami durante la Feria Internacional de Art Basel huele a fina estrategia de mercado. No obstante, vale la pena, en tanto asistimos a una exposición muy bien razonada, donde prima la contundencia de unas obras, cuya densidad tropológica y conceptual las convierte en universos independientes, plenos de significados. A lo cual podemos añadir una esmerada planificación museográfica, pues las piezas comulgan unas con otras desde la continuidad visual de líneas, colores y reflejos como un todo orgánico; aunque les persiga la sombra didáctica —tal vez innecesaria— de ciertos pedestales que ostentan el catálogo de la Bienal con una descripción detallada de cada obra.

La muestra incluye pinturas, esculturas e instalaciones, de modo que conviven allí expresiones de arte conceptual, minimalista y político, así como arte abstracto y de filiación expresionista. Entre tanta variedad de estilos y propuestas, se advierte una unidad temática que rebasa el mero poder aglutinador del archiconocido evento italiano, pues observamos un notable interés por destacar nociones relativas a los conflictos cotidianos de los seres humanos, tal como ha especificado Ortega Núñez en su nota de prensa «el amor, la religión, la violencia de las sociedades modernas, la suerte o el destino de las mujeres, entre otros temas»; pero desde una perspectiva sensible y respetuosa.

La obra de Beatriz Gerenstein, por ejemplo, es una escultura de gran formato y acero inoxidable que bajo el título *The Third Partner* semeja la forma de un nudo;

metáfora del abrazo, la afinidad o la unión inquebrantable de dos almas con la participación de un tercer elemento desconocido, de naturaleza mística, que gestiona e influye —según la artista— en las relaciones humanas como una suerte de alcahueta espiritual, una energía invisible y positiva que circunda a los mortales y propicia la felicidad, el encuentro. Entre las virtudes de esta pieza, además de su esmerada estilización y la conveniente selección del material, que refleja como un espejo las formas y colores circundantes, está su poder de síntesis. Tanto es así que recuerda por un momento el gesto de aquella famosa obra de Constantin Brancusi titulada *El beso*, que evoca a partir de un mismo bloque el tierno acoplamiento de los amantes, solo que esta vez mucho menos inteligible debido al sesgo abstracto de la escultura.

Josephine Turalba, por su parte, nos muestra *Angel Conversation*, un trabajo artesanal que semeja un gran tapiz sobre la pared, el cual fue concebido a partir de casquillos de bala de cobre con baño de oro y pedazos de cartuchos unidos mediante costuras y remaches; de ahí la variedad de colores en una escena costumbrista donde dos mujeres platican desde una corporeidad fragmentada, que sigue la lógica de un rompecabezas. Ellas son, presumiblemente, víctimas de la violencia de género. Nunca fue más oportuna la técnica del *patch work* para expresar las consecuencias de los discursos hegemónicos sobre «el otro cultural», en este caso la mujer, todavía segregada, al margen, en silencio. Se trata de una obra hermosa y osada que se atreve a decir la verdad desde el arte con cierto matiz de denuncia social.

René Rietmeyer, en cambio, apuesta por el minimalismo y la tan polémica figura del cubo para evocar

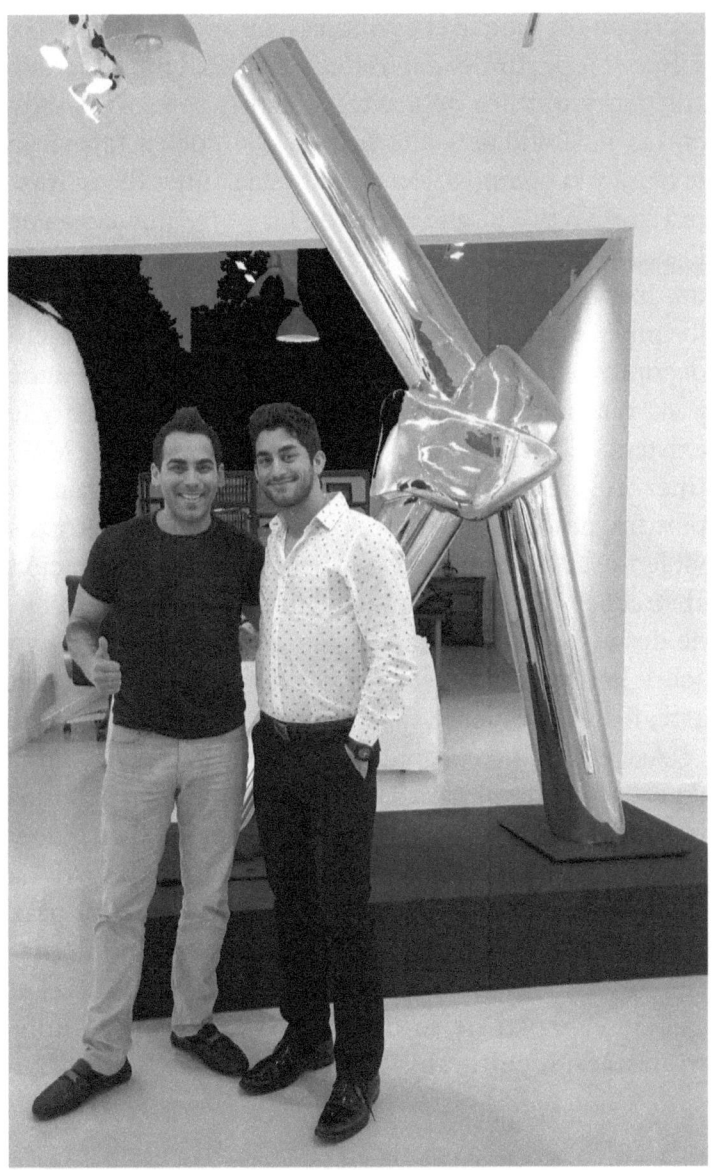

El autor de este libro (Rubens Riol) junto a su colega crítico de arte, Píter Ortega, curador de la muestra *From Venice to Miami*. Al fondo, la obra *The Third Partner* de Beatriz Gerenstein.

recuerdos de ciudades y paisajes, con su instalación *Minimum*. A partir de materiales como madera, concreto, silicona y pintura de aceite, el artista, apenas basado en las posibilidades que brinda el color, la forma, la textura y la composición ofrece variaciones de un mismo motivo visual que recuerda las obras iniciáticas de Donald Judd, entre otros exponentes de ese arte seriado, inspirado en el «cubo» como supuesto triunfo de lo impersonal, que se trastoca a veces en mero objeto decorativo, aunque en la poética de Rietmeyer alude a «la relación filosófica del tiempo con el espacio y la existencia». Mientras, Norma López y Marcello Martínez Vega, se arriesgan individualmente a trabajar la pintura, desde el neoexpresionismo paródico de trazos violentos, desacralizadores; y el papiro de inspiración abstracta y formato anticonvencional que se extiende desde la pared hasta el suelo, una suerte de ensayo sobre la ubicuidad y el carácter tangible e infinito del arte, respectivamente.

Así, estas cinco propuestas de otras partes del mundo llegan a Miami para ganarse la admiración de todos por su exquisita factura, elegante puesta en el espacio y enunciados trascendentes en bien de la humanidad. La Rimonim Art Gallery abrió sus puertas en 2010 para promover lo mejor de arte estadounidense e internacional y ha logrado una altísima aceptación gracias al trabajo ejemplar de su director Rick Rofe, gran anfitrión y gestor cultural.[35]

---

[35] Artículo publicado en «Galería 305», *El Nuevo Herald*, domingo 10 de enero de 2016, p-7.

CAPÍTULO IV

LUCES Y SOMBRAS DE UNA ZONA LLAMADA *MAINSTREAM*

HANS HOFMANN O EL IMPERIO DEL COLOR

El Patricia & Phillip Frost Art Museum de FIU, tiene el privilegio de mostrar en exclusiva hasta el 3 de enero de 2016, la exposición *Walls of color: The Murals of Hans Hofmann,* organizada por el Dr. Kenneth Silver del Bruce Museum en Greenwich, Connecticut. Dicha exhibición llega a Miami en la víspera de Art Basel como parada inicial de una gira por el sudeste de los Estados Unidos, y tiene el valor de ser la primera vez que admiremos los proyectos de murales públicos a gran escala, realizados por el maestro a mediados del siglo pasado. Estos estudios y bocetos formaban parte del rediseño de la ciudad peruana de Chimbote, «una visionaria colaboración con el arquitecto catalán Josep Lluís Sert, que nunca llegó a realizarse». De ahí que un total de 36 piezas, incluidas pinturas, obras sobre papel, *collages*, dibujos, maquetas y representaciones arquitectónicas, conformen la selección.

Hans Hofmann (1880-1966), artista de origen alemán radicado en los Estados Unidos, se nutrió —durante sus años de formación en París— de los principales movimientos del arte de vanguardia, sobre todo, del fauvismo y el cubismo. De los cuales su obra ha tomado préstamos e influencias notables, ya que admiraba a líderes del arte moderno como Pablo Picasso y Henry Matisse; incluso, llegó a trabajar como ayudante de Robert Delaunay. Hofmann dedicó gran parte de su vida y talento a la enseñanza artística. Primero en Múnich, donde abrió una academia en 1915 y más tarde en los Estados Unidos, creando su propia escuela en la ciudad de Nueva York. La relevancia de este hombre en la historia del arte, radica en haber encabezado el expresionismo abstracto desde su doble condición de artista y maestro; pues tuvo como discípulos a quienes luego serían grandes figuras de dicho movimiento como Jackson Pollock, Lee Krasner, Clement Greenberg y Mark Rothko, entre otros.

A nadie le extrañaría entonces que su obra, predominantemente abstracta, pondere el uso del color y las figuras o manchas geométricas, en una honesta fusión de sus referentes más caros, aunque amparado por la invención de una teoría —que lo distingue de sus antecesores— conocida con el nombre de *Push and Pull*, cuya esencia estriba en «la tensión visual creada a partir de la combinación de color, luz y forma, que le da al espectador la ilusión de profundidad y movimiento en una superficie plana». La exploración de una gama de colores cálidos, donde destaca el rojo, el naranja y el amarillo, además de contrastes llamativos y sugerentes, apartan la obra del maestro de la sombra pesimista del resto de los expresionistas abstractos. De modo que al confrontar las piezas en el museo sentimos esa *joie de vivre* que caracterizaba al artista.

La exhibición no solo incluye los 9 estudios al óleo que exceden los dos metros de altura y formaban parte de los supuestos murales para la ciudad de Chimbote —aunque son el motivo central de la muestra, anunciados ya desde el título— también hay piezas anteriores y posteriores a

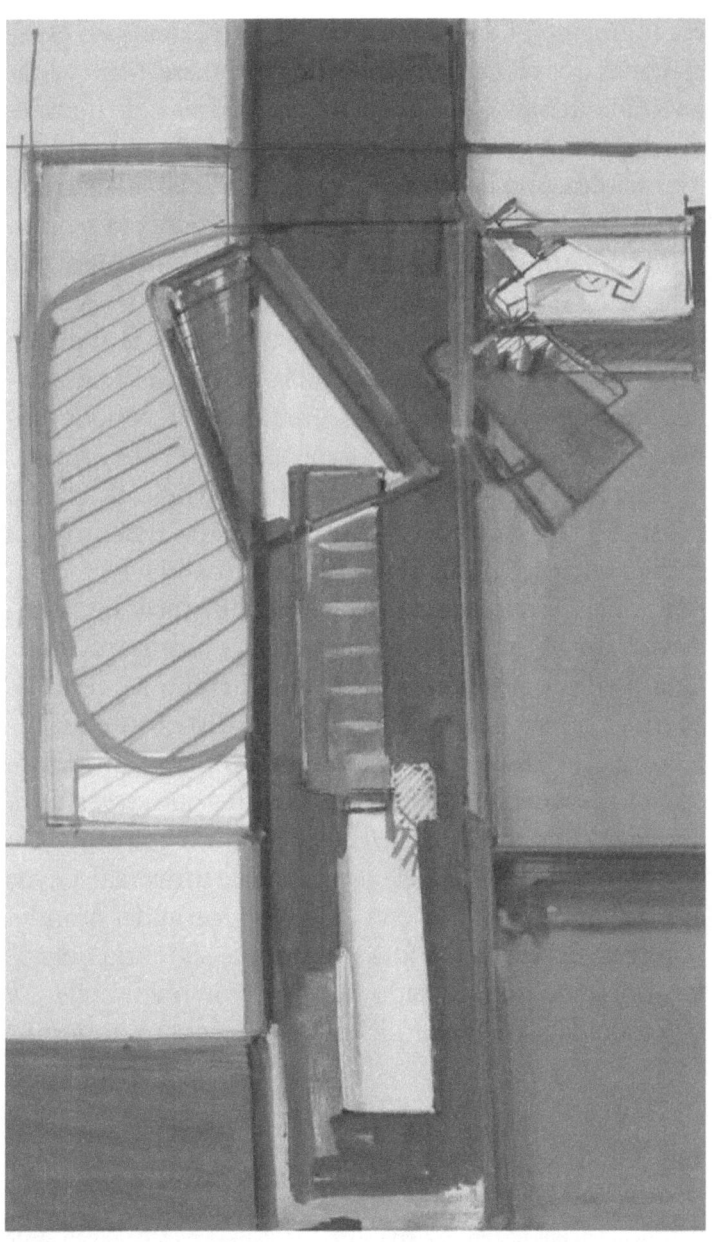

Awakening (1947), óleo sobre lienzo, Hans Hofmann.

ese momento que resultan igual de interesantes, en especial unas que recuerdan la pintura de Matisse, Miró y Malevich. Podemos apreciar además dos bocetos de murales de azulejos de cristal creados por Hofmann y ubicados en Manhattan, uno de ellos resultado de la colaboración con el constructor William Kaufman y el arquitecto modernista William Lescaze. El otro, por encargo de la Junta de Educación de la Ciudad de Nueva York, es un mosaico de azulejos de casi 20 metros de largo y 3 metros de altura en West 49th Street, en la actualidad la sede de la Escuela Secundaria de Artes Gráficas y Comunicación. Ambos murales públicos se pueden ver todavía hoy en Nueva York.

A estos efectos, la directora del Patricia & Phillip Frost Art Museum de FIU, Dra. Jordana Pomeroy, ha explicado inteligentemente que esta exhibición «proporcionará un contexto valioso a la historia de la colaboración entre arquitectos, artistas y constructores. Una piedra de toque en una ciudad como Miami que cuenta con su histórico MiMo, un distrito de arquitectura Art Déco y el reciente movimiento muralista contemporáneo en Wynwood, factores que sirven para afianzar el éxito de Miami como destino cultural». De aquí se deduce la vigencia de un artista universal, cuyos aportes proliferan hoy en cualquier rincón del mundo, donde se explica a estudiantes de arte su teoría del color, un reino conquistado hace más de medio siglo, y que todavía sigue ganando espacio, como un imperio.[36]

---

[36] Artículo publicado en «Galería 305», *El Nuevo Herald*, domingo 25 de octubre de 2015, p-6.

DANNY LYON, EL PESO DEL RECUERDO

Hasta el 20 de marzo podrán ser admiradas en The Patricia & Phillip Frost Art Museum de FIU un conjunto de fotografías del Danny Lyon (Brooklyn, Nueva York, 1942), uno de los fotorreporteros norteamericanos más destacados por su activismo en función de los derechos civiles del Sur a través de su extensa y valiosa documentación de ese movimiento social de los años 60. Bajo el título *Danny Lyon. Memories of the Southern Civil Rights Movement*, esta exhibición constituye un recordatorio de la historia de los Estados Unidos y sus brechas raciales, en un momento en que políticos como Donald Trump, resucitan prejuicios excluyentes en torno a la comunidad latina, mientras la emigración sigue alcanzando tintes dramáticos.

Hijo de padres judíos, Lyon, fue criado en Kew Gardens, Queens, y fue a estudiar historia y filosofía en la Universidad de Chicago, donde se graduó con una licenciatura en Artes en 1963. Después de ser aceptado como el fotógrafo del *Student Nonviolent Coordinating Committee* (SNCC), un grupo nacional de estudiantes universitarios que se unieron contra el ataque a cuatro afroamericanos en un comedor de Carolina del Norte, estuvo presente en casi todos los acontecimientos históricos del momento. Con una sensibilidad y un sentido de la justica social notables convirtió su trabajo en testimonio y denuncia de la desigualdad racial y la violación de los derechos humanos en nombre del poder blanco. La obra de este artista se inserta en lo que conocemos como «nuevo periodismo fotográfico», una estética en la cual el fotógrafo debía sumergirse y ser partícipe de la situación que vivieran los sujetos de su interés.

Entre las piezas de esta muestra, llaman la atención títulos como *Segregated drinking fountains in the county courthouse in Albany, Georgia* (1962); *Demonstrations at an "all-white" swimming pool in Cairo, Illinois* (1962); *A House in the Delta, Mississippi* (1963), *Entrance to the City Café, Selma* (1963); *March on Washington* (1963) y *Arrested for demonstrating in Americus, Georgia, teenage girls are kept in a stockade in the countryside near Leesburg. They have no beds and no working sanitary facilities. I make pictures through the broken glass of the barred windows* (1963); pues si nos percatamos bien, además de contener el punto de vista del fotógrafo, se hace explícita su voz mediante estos títulos extensos, descriptivos y anecdóticos que parecen apuntes, registro de las atrocidades cometidas contra los individuos de la raza negra, barreras que situaban a determinados grupos sociales en ventaja con respecto a otros, nada más fascista y ridículo, que por suerte ha cambiado en nuestros días. Así de comprometida es la fotografía de Lyon, un artista sincero, defensor de causas nobles, cuya estética logró captar con artisticidad el drama hu-

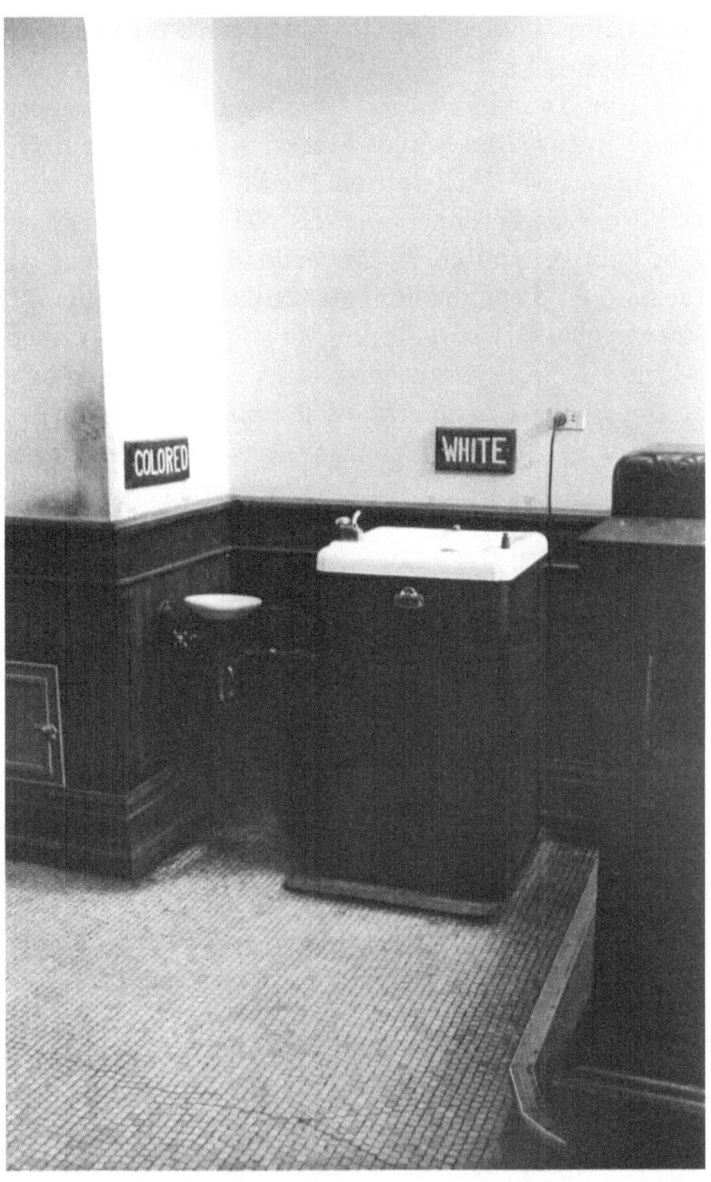

Segregated drinking fountains in the county courthouse in Albany, Georgia (1962). Danny Lyon, *Memories of the Southern Civil Rights Movement* (Chapel Hill, NC: The University of North Carolina Press, 1991), p-31.

mano de su tiempo; todo lo cual aparece publicado en sus propios libros.

Danny Lyon ha realizado exposiciones individuales en el Whitney Museum of American Art, Art Institute of Chicago, Menil Collection, the M. H. Young Memorial Museum en San Francisco y el Center for Creative Photography en la Universidad de Arizona. Ha recibido en dos oportunidades la beca Guggenheim y Rockefeller, Missouri Honor Medal for Distinguished Service in Journalism, entre otros reconocimientos a su trabajo. Esta es una exposición que merece ser vista y estudiada. No hay nada más fuerte que las imágenes de la barbarie para recuperar la memoria.[37]

---

[37] Artículo publicado en «Galería 305», *El Nuevo Herald*, domingo 7 de febrero de 2016, p-6.

ANDY WARHOL, UNA MODA PERMANENTE

Hace apenas unos días fue desmontada en la Williams McCall Gallery de South Beach, una exhibición titulada *Andy Warhol and Alex Katz*, una muestra con obras impresas de ediciones limitadas de ambos exponentes del movimiento pop norteamericano; comisariada nada más y nada menos que por Debbie Carfagno, quien trabajara como maestra impresora de Warhol durante 9 años. Por lo que las llamativas piezas —en contraste con el espacio minimalista de dicha galería— estaban ya impregnadas de un halo mítico. Pero, casualmente el Boca Raton Museum of Art de Florida, inauguró el 26 de enero tres exhibiciones simultáneas —que se extenderán hasta el 1 de mayo— en franco homenaje a este artista en la víspera del 30 aniversario de su muerte.

Warhol Prints from the Collection of Marc Bell, por ejemplo, ha sido conformada por algunas de sus series serigráficas, entre las cuales destacan: *Campbell's Soup Cans, Liz Taylor, Marilyn Monroe, Elvis Presley, Mao Tse Tung, Flowers, Dollar Signs y Camouflage*. Otra de estas exhibiciones se titula *Bob Colacello: In and Out with Andy,* un recorrido por el glamuroso y salvaje mundo bohemio de Warhol durante los años 70, que incluye copias de época y selecciones de su libro, *Out*. El programa está integrado además por la muestra *Warhol on Vinyl: The Record Covers, 1949-1987+*, pues a lo largo de su carrera produjo 60 diseños de portadas de álbumes únicos para una muy amplia gama de música que va desde Tchaikovski y Gershwin, Count Basie y Artie Shaw hasta The Rolling Stones y The Velvet Underground. Coartada perfecta para atraer no solo al público amante del arte, sino también y, sobre todo, a los ávidos coleccionistas que no disimulan su rubor cuando se trata, posiblemente, de la mejor de sus inversiones.

Según informes de los últimos dos años el mercado de obras de arte en subastas públicas es un negocio que crece vertiginosamente. China, incluidos Hong Kong y Taiwán, constituyen la primera potencia mundial con ingresos por ventas, mientras Estados Unidos ocupa el segundo lugar, gracias —prácticamente— a la obra de Warhol, que alcanzó el récord histórico en 2014 de 569 millones de dólares en adquisiciones, superando a maestros como Pablo Picasso, Francis Bacon, Gerhard Richter, Mark Rothko y Claude Monet, entre otros (indicador de su liderazgo casi absoluto); de ahí que fuera catalogado en un artículo de *The Economist* en 2009 como «el *bellwether* del mercado del arte».

No resulta extraño entonces que Miami sea la plaza ideal para la comercialización de su obra con tanta fortuna e inversión extranjera paseándose por las calles. Pues al decir de Herbert Brito, arquitecto, diseñador y coleccionista de Warhol, en conversación con *El Nuevo Herald*: «este fue un artista muy prolífico, pero su éxito comercial y la recurrencia de su obra en Miami están determinadas por la obsesión hacia el consumo de quienes habitan en esta ciudad, justamente la idea que Warhol parodiaba con su trabajo; y ahora resulta una de las inversiones más seguras, pues el precio de sus obras se multiplica cada año».

Warhol fue un artista versátil, extravagante e iconoclasta que heredó de Marcel Duchamp, ese gran pionero del arte contemporáneo, la pasión por los *ready-made*, objetos industriales producidos en serie y de carácter ordinario elevados a la categoría de arte a partir de un proceso de recontextualización y resemantización en el espacio de una galería o museo. De ahí que el movimiento pop fuera bautizado también como Neo-Dadá, aunque este llegó mucho más lejos, pues se apropió de las imágenes provenientes de la publicidad, la cultura popular y el cine, harto conocidas por todos, para hacer una crítica a la sociedad de consumo.

A partir de distintas variaciones de color de una misma imagen repetida varias veces, Warhol, logró crear verdaderos mosaicos gráficos que cuestionaron la unicidad de la obra de arte en la era de la reproductibilidad técnica. «Lo más interesante es que una obra que fue pensada en los años 60 para que cada persona pudiera ostentarla en su propia casa a precios ridículos, hoy en día vale millones de dólares. Sin embargo, mucha gente en Miami compra estos cuadros porque tienen colores y diseños llamativos para combinarlos con sus muebles e ignoran que cada pieza tiene una segunda lectura, pues detrás de esa banalidad aparente está el drama de la vida y de la historia de Estados Unidos, una silla eléctrica es mucho más que un *souvenir* de moda», explicó Brito.

La obra de Warhol estará siempre presente, ya que fue uno de los maestros más genuinos y revoluciona-

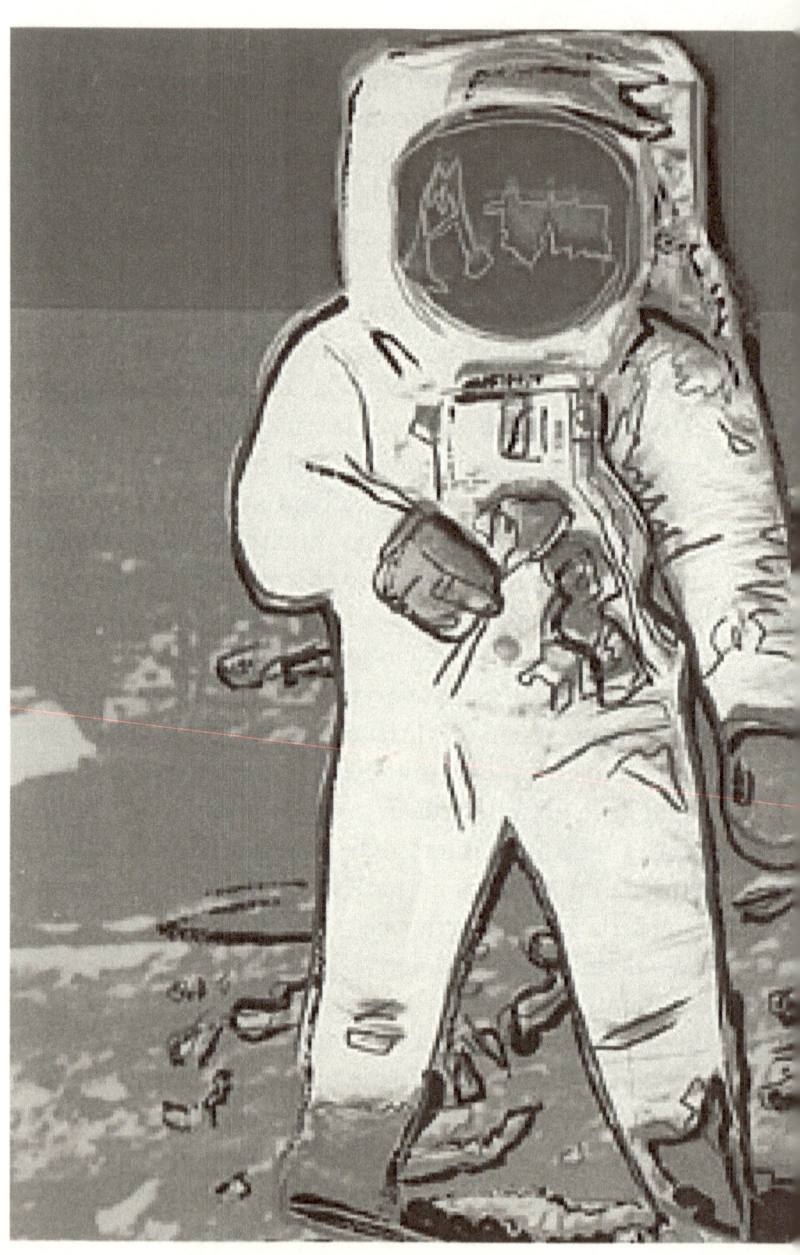

Moon Walk (1987), Andy Warhol.

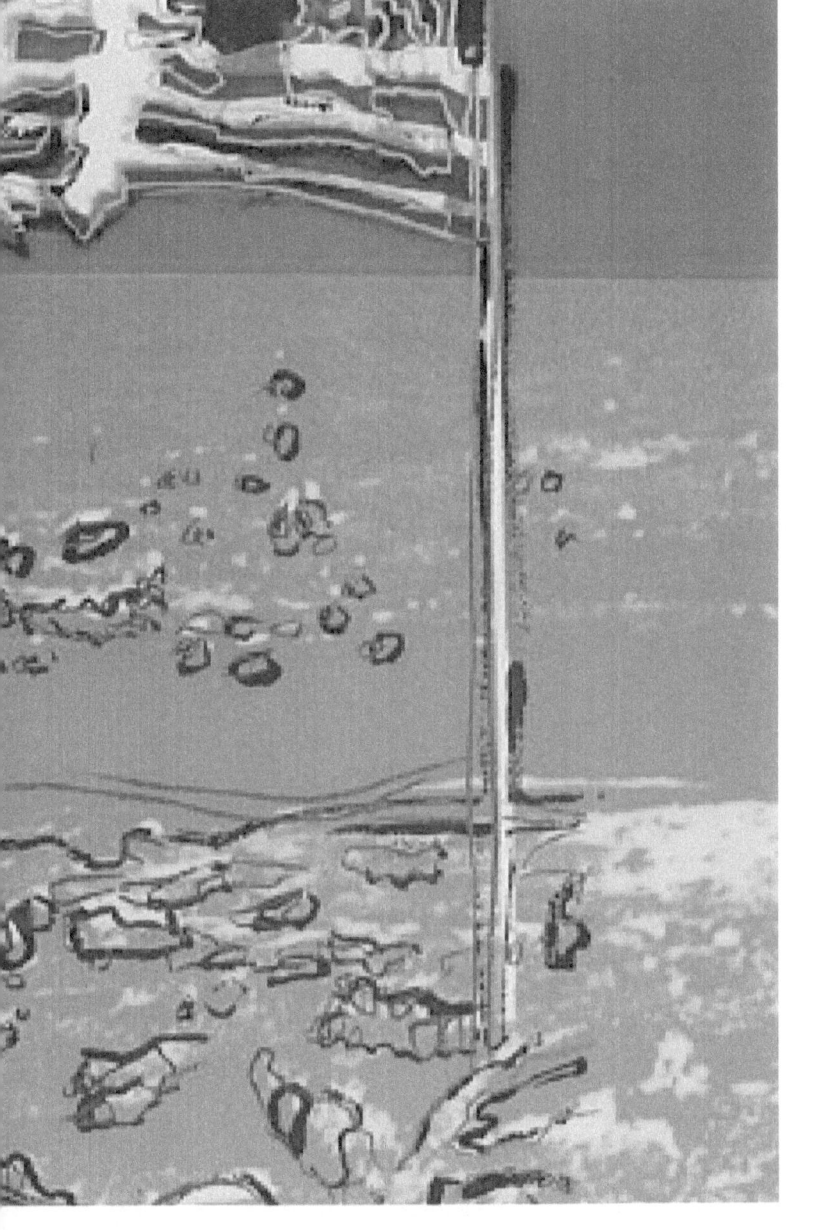

rios del arte del siglo XX. Ahí estarán su pintura, sus serigrafías, sus fotos, los libros, su música y su cine como registros perennes de la mentalidad de una época que no ha cambiado mucho, de modo que será una moda permanente.[38]

---

[38] Artículo publicado en «Galería 305», *El Nuevo Herald*, domingo 21 de febrero de 2016, p-7.

ANA MENDIETA O LOS VESTIGIOS DEL DOLOR

El Nova Southeastern University Art Museum de Fort Lauderdale exhibirá a partir de este 28 de febrero y hasta el 3 de julio del año en curso, una valiosa muestra de videos y fotografías titulada *Covered in Time and History: The Films of Ana Mendieta*. Esta será la primera y más grande exposición del museo y también a nivel de país de la obra videográfica de la connotada artista cubano-americana; cuya influencia en el arte contemporáneo, sobre todo, desde sus expresiones efímeras y performáticas, ha dejado una huella larga, múltiple, dolorosa.

Ana Mendieta (1948-1985) —nacida en La Habana— fue víctima de la Operación Peter Pan en 1961, a la edad de 12 años, iniciativa del gobierno de Estados Unidos y de las organizaciones benéficas católicas, que trajeron a 14.000 niños cubanos a Miami durante los años 1960-1962. Luego se trasladó a Iowa y vivió en hogares adoptivos, hasta que asiste a la universidad, estudia y se gradúa en Arte. Esta desafortunada coyuntura biográfica es la que decide más tarde el discurso central de su obra, pues utilizaba su propio cuerpo como metáfora del abandono, el desarraigo, las diferencias geográficas y políticas entre las dos orillas, la pérdida de la memoria y la identidad cultural y de género. Su obra es diversa e impactante, incluye dibujos, instalaciones y fotografías, explora además el *Earth Art* y la escultura, a partir de performances donde dejaba en el barro, en la orilla de la playa o en los arbustos, la silueta maltrecha de su propia vida, como cicatrices de un sujeto arrancado de sus orígenes.

Considerada como «una de las artistas más originales y talentosas de la era de post-guerra», la exhibición nos confirma su espíritu de vanguardia, al concentrarse en un área menos conocida de su repertorio, su notable y prolífica producción de películas y videos. Testimonio de su trabajo con imágenes en movimiento, registro de sus intervenciones, y apertura —al mismo tiempo— del perfil multidisciplinario de las artes visuales en la temprana década de 1970. La exposición incluye 21 películas filmadas con tecnología Super 8 o en 16 mm, en colores o en blanco y negro, y de carácter silente, 26 fotografías, además del corto documental *Ana Mendieta: Nature Inside,* producido y editado por Raquel Cecilia Mendieta, Archivista del *Estate of Ana Mendieta Collection* y sobrina de la artista.

El título de la muestra proviene de una declaración hecha por la artista acerca de su trabajo en una entrevista publicada en la revista *Sulfur 22* (Spring 1988): «En 1973 hice mi primera pieza en una tumba azteca que estaba cubierta de maleza y pasto, la cual me recordó el crecimiento del tiempo. Yo descansaba en la tumba, cubierta de flores blancas que compré en el mercado. La analogía era que yo estaba cubierta por el tiempo y la historia». Allí nace la referencia que da vida a esta hermosa exhibición, donde queda claro el compromiso de la artista con el pasado, si tenemos en cuenta que el tiempo constituye un elemento intrínseco del medio fílmico.

Obras como *Sweating Blood* (1973), *Creek* (1974), *Energy Charge* (1975), *Anima* (*Firework piece*, 1976), *Volcán* (1979), *Esculturas rupestres* (1981) y *Ochún* (1981), son una reserva de inquietudes feministas y arte protesta, matizados con cierto discurso ecológico, que habla también de las raíces o el sentido de pertenencia, la orfandad, el dolor de la separación y la distancia. *Sweating Blood*, por ejemplo, fue la denuncia que hizo Mendieta en respuesta al asalto sexual y asesinato en la Universidad de Iowa de la estudiante Sarah Ann Ottens en 1973. Esta película muda en contra de la delincuencia muestra a la artista escribiendo con sangre su declaración en contra de la violencia. Mientras que en la pieza *Volcán*, se vale de esa figura geológica como metáfora de la tierra, lugar que sirve —según la artista— tanto de consuelo como de disgregación. Pero no hay piezas más estremecedoras y poéticas que las siluetas dibujadas en la playa donde el agua del mar y la arena se rozan constantemente, recipiente de capítulos tristísimos sobre la migración y la muerte.

Organizada por la Katherine E. Nash Gallery de la Universidad de Minnesota, comisariada por Lynn Lukkas, Presidenta del Departamento de Arte, y Howard Oransky, Director de dicha galería, además del National Endowment for the Arts, Foundation for the Arts, Tierney Brothers Corporation, Hudson Family Foundation, Scott and Holly Bodenweber y Artes Miami Inc, esta muestra constituye una oportunidad única para apreciar un *corpus* de arte sentido, visceral, irrepetible. Ana Mendieta seguirá inspirando emociones y desahogos desde cualquier tumba, sea esta real o ficticia.[39]

---

[39] Artículo publicado en «Galería 305», *El Nuevo Herald*, domingo 28 de febrero de 2016, p-11.

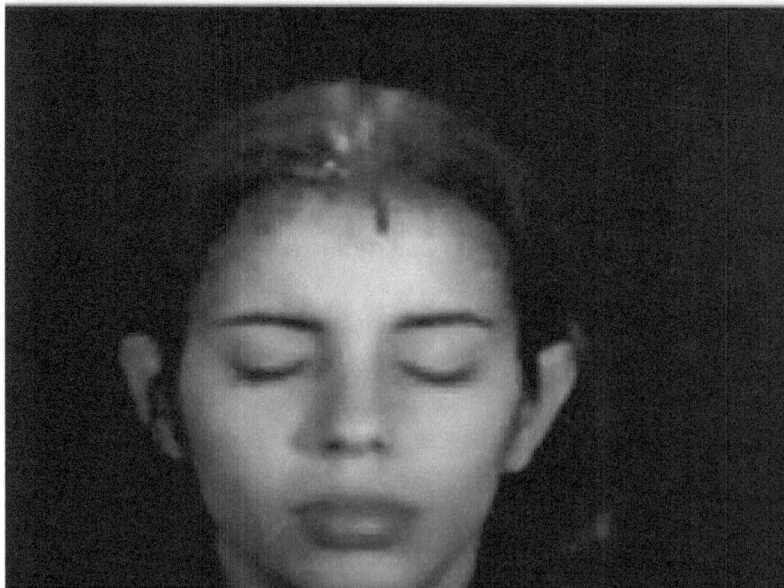

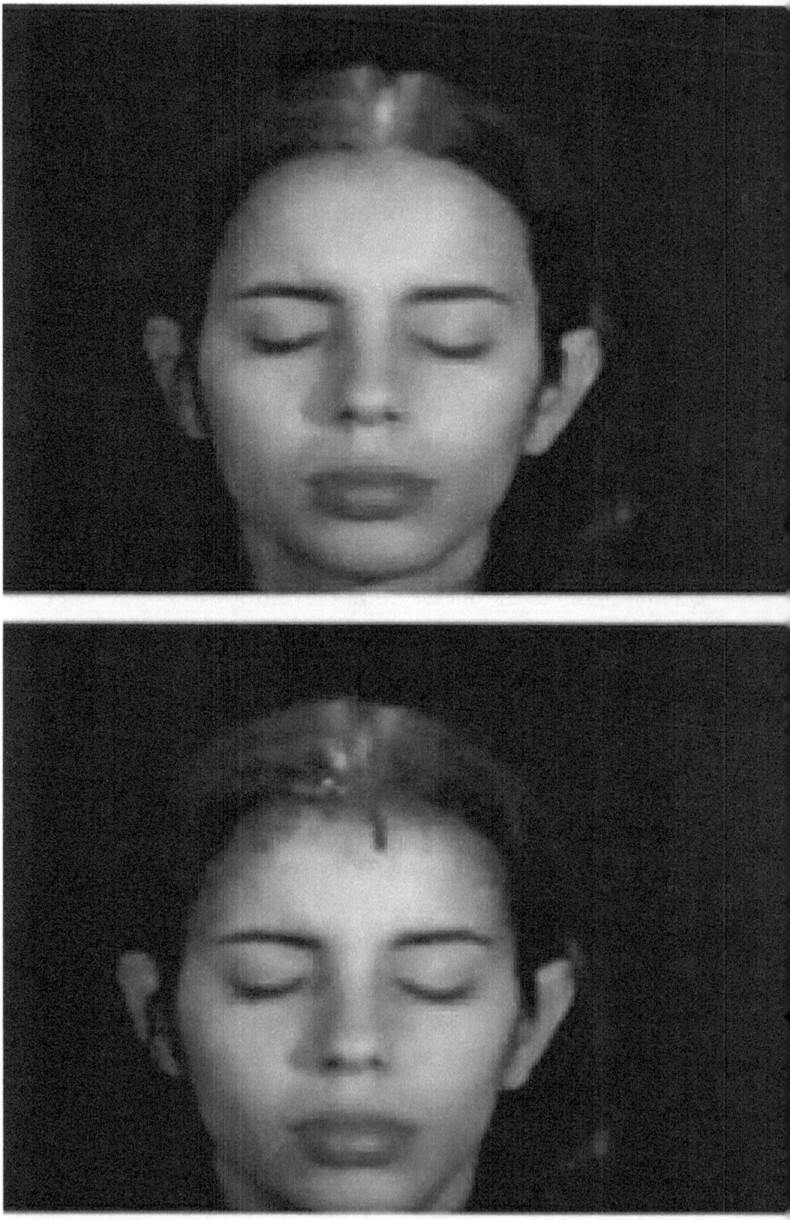

Sweating Blood (1973), filme silente a color en *Super 8*, Ana Mendieta.

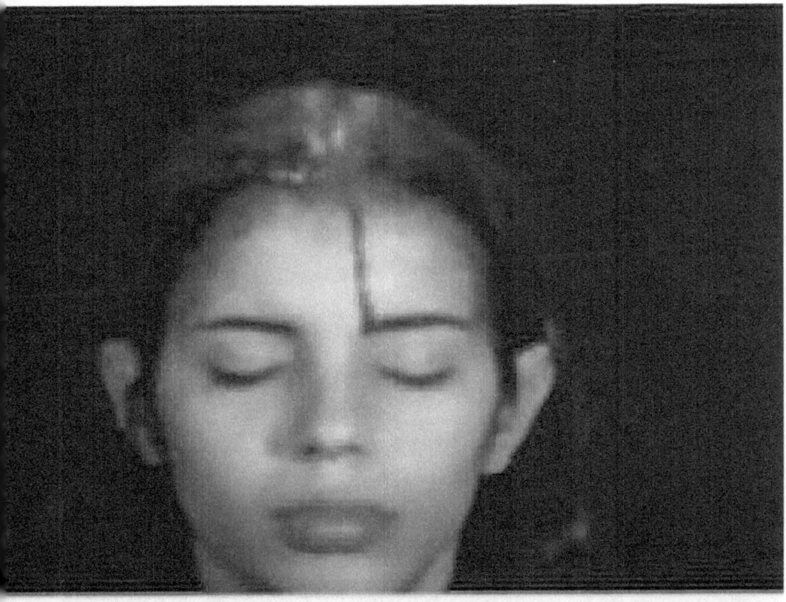

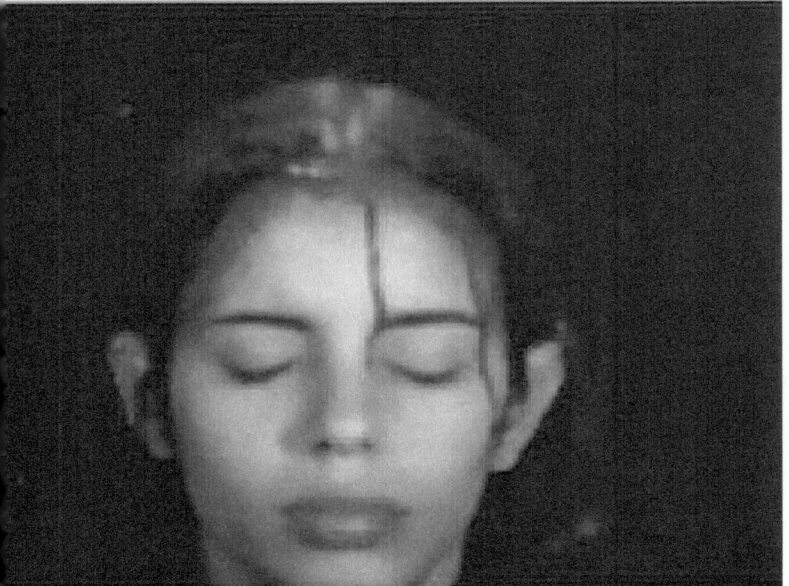

CHUCK CLOSE, MÁS CERCA QUE NUNCA

Desde el pasado 20 de marzo, quedó inaugurada en el Nova Southeastern University Art Museum de Fort Lauderdale, la exhibición personal *Chuck Close Photographs;* un título que no oculta ni pospone la identidad del artista como tampoco la naturaleza de su trabajo. La muestra de carácter retrospectivo, y —me atrevería a decir también, microscópico, pues incluye 86 obras concebidas entre 1964 y la actualidad— nos permite observar las distintas etapas creativas, métodos y técnicas empleados por este singular exponente del arte contemporáneo.

A dichos efectos, el objetivo de la exposición, pareciera emular con el apellido del artista (Close), cuya traducción en español refiere algo que está próximo, a muy poca distancia, es decir, «cerca», en tanto nos brinda un retrato exhaustivo de toda su carrera; justo cuando su estética inicial se caracterizó por destacar los rostros humanos en «planos detalle» o lo que se conoce también como *close-up*, sin contar el valor expresivo que consiguió mediante el uso del gran formato. Lo cual quiere decir, que este genio ha sabido, además de jugar con las palabras, cifrar muy bien el misterio conceptual de su obra.

La exhibición persigue, a todas luces, un fin didáctico. Por tal razón, incluye materiales de trabajo, tales como pruebas de imprenta, impresiones fotográficas, maquetas en blanco y negro o fotos en colores marcadas con tinta y cinta adhesiva; pues solo se puede admirar el trabajo de Close, conociendo el proceso, el camino sinuoso de su metamorfosis, que va desde la intimidad decimonónica de un daguerrotipo hasta sus ostentosas piezas monumentales.

Después de graduarse en la Universidad de Yale en 1964, Chuck Close (Washington, 1940), abandona el expresionismo abstracto para trabajar con la fotografía como materia prima y fuente de inspiración; alarde que se convertiría luego en una de las tendencias artísticas más notables de la época conocida como Hiperrealismo o Fotorrealismo. Esta nueva expresión consistía en copiar directamente de la fotografía y trasladar la imagen —mediante distintos procedimientos técnicos— al lienzo, causando una mayor impresión de realidad y virtuosismo, así como extrañamiento en un espectador, que no estaba acostumbrado a mirar al prójimo desde dimensiones gigantescas, algo intimidantes. Tal como resultaron sus piezas *Big Nude* (1967) de 21 pies de ancho, o *Big Self-Portrait* (1968), las cuales marcaron el inicio de su retozo con el formato estándar de la cámara Polaroid.

El aspecto más curioso e insólito de su producción está determinado por sus propias limitaciones físicas, ya que padece de prosopagnosia, una enfermedad que impide distinguir todos los rasgos de la cara, de ahí su obsesión por los retratos; así también como dislexia, un desorden neurológico que dificulta la lectura y la correcta pronunciación de determinadas palabras, sin añadir el colapso de su espina dorsal que lo dejó semiparalítico. No obstante, ninguno de esos padecimientos ha frenado su inventiva o creatividad exacerbada. Tanto es así que a pesar de haber escogido el Hiperrealismo como primer lenguaje o estilo se ha mantenido siempre actual y moderno, mediante la evolución de las distintas técnicas que propone en torno al retrato, como han sido la sustitución de la luz natural por bancos de luces estroboscópicas, el empleo de imágenes formadas por presión de gelatina coloreada sobre una hoja de papel en un molde, numerosas aplicaciones abstractas del color que lo acercan a los métodos de la tapicería, asistido en ocasiones por un ordenador de tejido industrial, etc.

Lo cierto es que, interesado en el individuo, ha apostado siempre por la representación del rostro, dejando atrás el cuerpo. Le atrae el efecto metonímico y fragmentario de lo real, el aspecto ilusorio y magnífico de ciertas expresiones físicas, la noción de la propia identidad como una proyección ficticia, una imagen construida, impostada. Así ha ido de la imagen como calco y espejo de la fotografía a la abstracción de aspecto «puntillista», siendo el primero que usara algo semejante a la pixelación, por lo que muchas de sus piezas nos recuerdan las imágenes que observamos detrás de un cristal mojado o la trampa visual impresionista en que solo conseguimos distinguir bien los detalles, si nos alejamos de la obra para que nuestra percepción haga sus ajustes y nos devuelva con mayor nitidez las figuras.

Famoso por representar imágenes de amigos, familiares y otros artistas que ha ido conociendo durante su carrera, bailarines, actores o políticos, ostenta retratos de Jasper Johns, Hillary Clinton, Alec Baldwin, entre otros. Su obra es atesorada por grandes colecciones del mundo, entre las cuales destacan el Whitney Museum of American Art, el Modern Art Museum y el Parrish Art Museum de New York, The National Gallery de Australia, el Walker Art Center de Minneapolis, el Tate Modern en Londres, y el Centre Georges Pompidou de París. La exhibición está acompañada además por un libro homónimo completamente ilustrado por Prestel Verlag, con un ensayo analítico de Collin Westerbeck y una entrevista al artista a cargo de Terrie Sultan, el cual está disponible en la tienda del museo. Enhorabuena nos llega tan cerca la obra de uno de los artistas vivos más importantes de los Estados Unidos y del mundo, cuyos retratos siguen cambiando su aspecto en virtud de nuevas necesidades expresivas y tecnológicas.[40]

---

[40] Artículo publicado en «Galería 305», *El Nuevo Herald*, domingo 17 de abril de 2016, p-7.

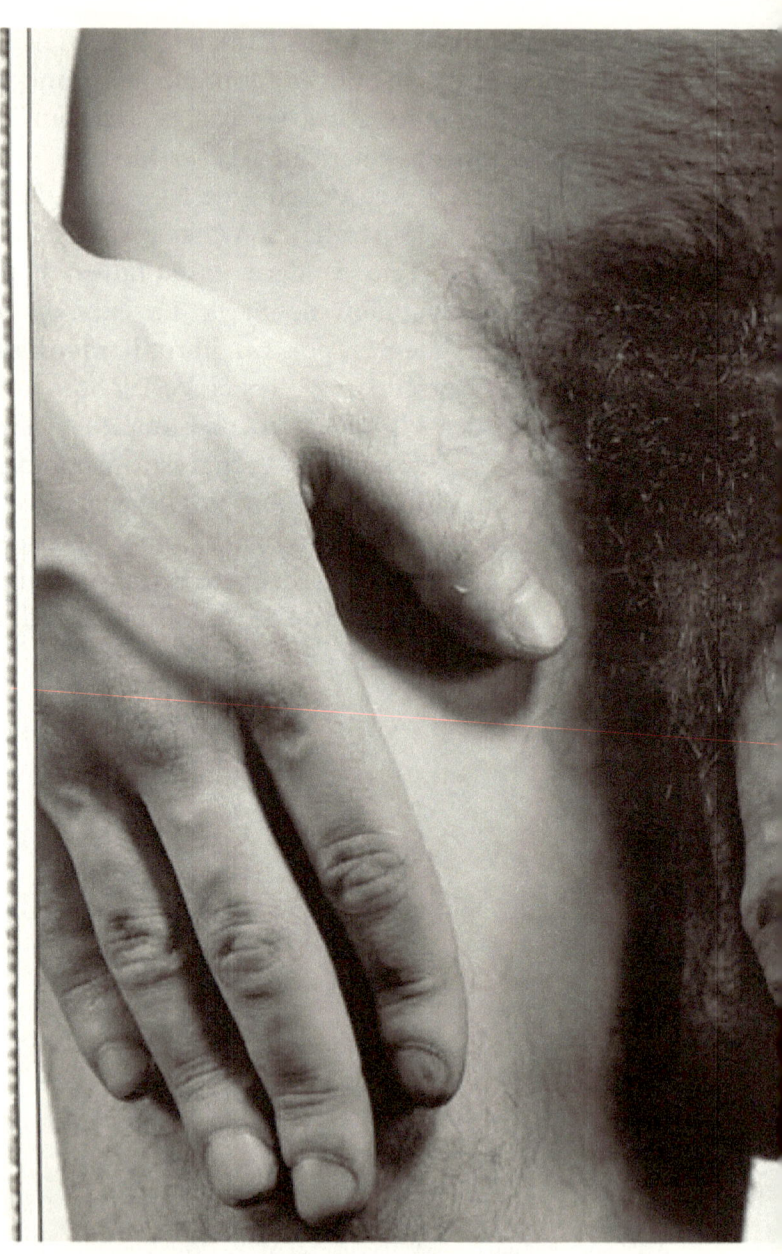

Mark Dyptych II (1984), Chuck Close

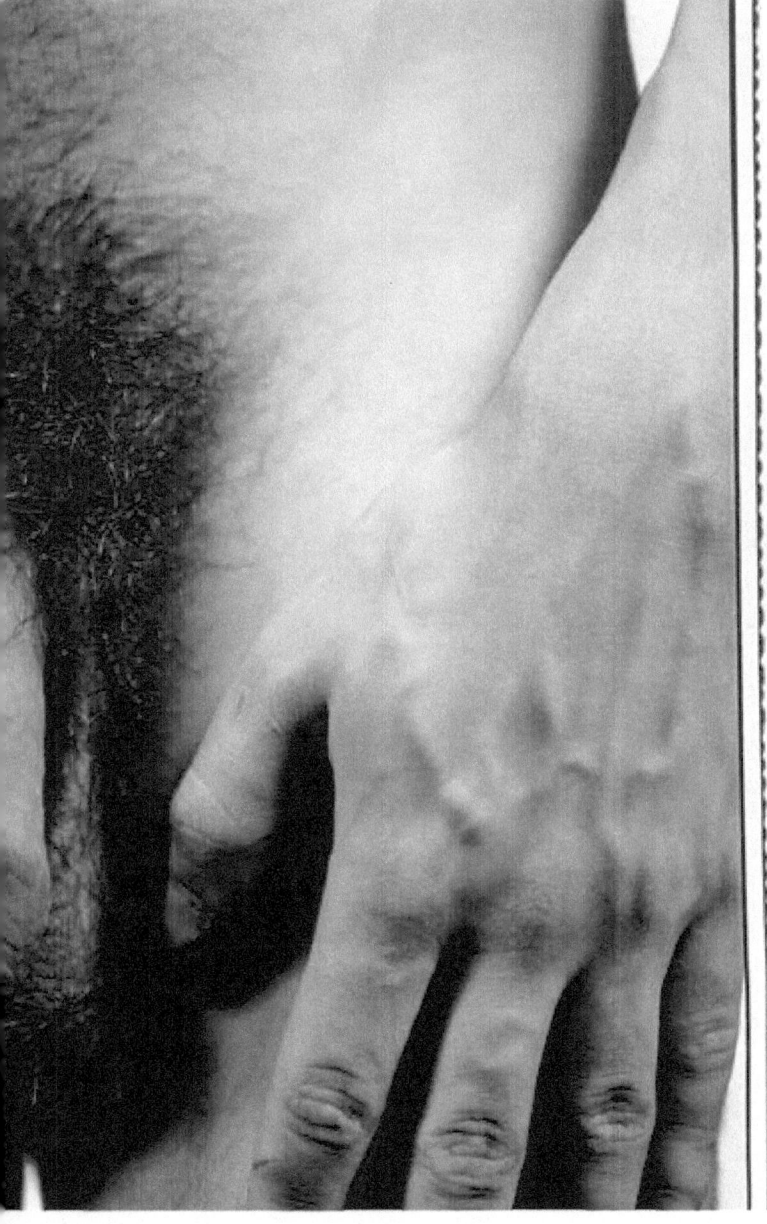

Capítulo V

ESTAMPAS VERDEAZULES:
UN GÉNERO QUE NO SE MARCHITA

PAISAJE INSULAR O LA CULTURA DEL SALITRE: COORDENADAS DE UN NAUFRAGIO

I

El Mar nunca extravió aquel deseo prehistórico de cabalgar sobre una costilla de la Isla, virgen posesa que todavía se sonroja ante el eréctil párpado de agua, desnudo nocturno, carcelero impecable. Mar que invita a conocer el aspecto lujoso de la muerte y ofrece la devoración como conquista. Hay deseos líquidos que recorren el océano hasta penetrar otra vez el horizonte y provocan un orgasmo azul como de ola (colisión depravada, brindis sicalíptico).

Cuba y el mar fue el rótulo que dio nombre a la exposición exhibida en una de las salas transitorias del Museo Nacional de Bellas Artes[41], cuyo interés primordial consistía en mostrar —mediante la pintura— las distintas interpreta-

---

[41] A disposición del público entre el 11 de julio y el 20 de octubre de 2008 en el Edificio de Arte Cubano del Museo Nacional de Bellas Artes en La Habana.

ciones que de nuestro paisaje marino han ofrecido diversos autores, desde el siglo XIX hasta la contemporaneidad. La selección de este tema entraña algunos riesgos y no pocas contradicciones, sobre todo, en el contexto de las artes plásticas cubanas. Pero antes de analizar los particulares de esta muestra antológica que recorre casi dos siglos de nuestra producción pictórica, se hace necesario indagar acerca del género paisajístico, en especial cuando refiere el mar como motivo central de la obra de arte.

II

La palabra «paisaje», en castellano proviene directamente del término francés *pays* (reconocida por primera vez hacia 1597)[42], al tiempo que extiende su etimología a una noción de «lo apaisado»; es decir, aquello que posee la cualidad de ser representado paisajísticamente. Según Tomás Maldonado, el concepto de paisaje posee dos acepciones fundamentales: la primera nos acerca a su valor estético-visivo, «como un fragmento, una sección viva de la naturaleza antropizada a partir de los mecanismos selectivos de la percepción, que han sido apoyados por la representación figurativa o abstracta en las artes»[43]; y la segunda se asocia «al valor científico-descriptivo que comprende su descripción física y mental de raíz puramente geográfica, en la cual el paisaje es entendido como espacio tangible en pleno desarrollo de una cláusula de tiempo geológico, un momento intelectivamente definible por las ciencias específicas»[44].

---

[42] Pérez Maletá, Conrado Rafael. *Filosofía del paisaje. Teorema conceptual III*. (Texto en formato digital), p. 2.

[43] Ob. cit. p. 3.

[44] Ídem.

Berque lo entiende también a partir de dos formas estructurales, que se producen de manera simultánea: por una parte, como «lo relativo al ambiente considerado a través de la forma intrínseca»[45]; y por la otra, como «una visión subjetiva inteligible a partir de las imágenes y palabras que constituyen representaciones mentales y culturales del concepto de paisaje»[46]. Lo cierto es que este no existe estrictamente como un fragmento de la realidad, autónomo y de evolución independiente a nuestra determinación conceptual, sino como una proyección mental del observador —potenciada por su conciencia intelectiva y experiencia cultural—; o sea, que el paisaje se sitúa en el encuentro del Yo con su frontera ontológica (rasgo esencial del ser pensante finito en relación con su exterior); o como diría Simon Schama: «Antes de ser reposo de los sentidos, el paisaje es una obra de la mente. Un panorama está formado tanto de estratificaciones de la memoria como de sedimentos de roca»[47]. Es por todo ello que el paisaje, como fuente de inspiración conceptual y a su vez soporte de la acción plástica, ofrece una amplia visión de la subjetividad del ser humano.

III

La representación del paisaje se hace verdaderamente profusa a partir del siglo XVII. Los artistas incursionaron primero en el paisaje rural y urbano, imaginan-

---

[45] Ídem.
[46] Ídem.
[47] Ibídem. p. 6

do el entorno, pues aún no trabajaban al aire libre; por lo que el interés hacia el paisaje marino tardó algunos años en aparecer. Según Carlos Lastarria Hermosilla en su texto *Los orígenes del paisaje marino*:

> Hubo pintores que incursionaron en la costa y en el tema marítimo como un anticipo del paisaje marino y su expresión más importante denominada marina. Hasta ahora se ha considerado siempre a los británicos como los iniciadores del tema marina en la pintura. Sin embargo, es un género pictórico mucho más antiguo y sus orígenes se remontan a los holandeses, flamencos y venecianos. Ello corresponde a culturas cuya geografía y actividades estuvieron en momentos importantes de su desarrollo vinculadas al mar y a las corrientes comerciales. A ello se suman las expediciones y descubrimientos de nuevos continentes o rutas comerciales que tuvieron el mar como protagonista.[48]

El descubrimiento del paisaje marino —como tema propicio para la explotación de infinitas cualidades expresivas— se debe a la naturaleza misma del mar, a su facilidad para cambiar de un estado a otro, por lo que puede establecerse cierta analogía con el comportamiento humano, siempre mutable; al tiempo que funciona como vehículo ideal para traducir un poderoso universo emotivo. El mar posee vida propia, de ahí que reúna y exhiba excelentes condiciones y valores plásticos; entre ellos, una especial fotogenia. Además, permite reparar en determinados efectos atmosféricos como la caprichosa disposición de las nubes, las condiciones climatológicas y las diferentes estaciones del año;

---

[48] Lastarria Hermosilla, Carlos. *Los orígenes del paisaje marino*. (Texto en formato digital), p-2.

permitiendo, incluso, observar la intervención de la figura humana, generalmente asociada a la actividad pesquera en busca del sustento familiar o la contemplación pasiva de la naturaleza como refugio, o paliativo del espíritu por su cualidad tranquilizadora, y como protagonista de contiendas bélicas que han tenido el mar como escenario.

El mar puede contar su propia historia y, a la vez, la del hombre que lo ha contemplado y representado durante siglos a lo largo de la Historia del Arte. Jan Van Goyen, Albert Cuyp, Francesco Guardi, William Turner, Claude Monet o el japonés Hokusai, son algunos de los tantos artistas que se han preocupado por atender esta temática. A la cual he dado en llamar «la cultura del salitre», en aras de hacer sus límites más corredizos e inclusivos; puesto que el paisaje marino recoge una visualidad diversa, en donde intervienen incontables elementos: unos de tipo natural, que pueden aparecer de conjunto o de manera aislada en una misma obra, como son el agua, la arena, la vegetación propia del entorno marino, así como el resto de los seres vivos que lo habitan; y otros, creados por el hombre, que sugieren un universo material, como es el caso de redes, embarcaciones, anzuelos y arquitectura de madera sustentada por pilotes. Objetos todos, cuyas imágenes nos ofrecen, en ocasiones, una sensación de abandono, de lo que ha sido maltratado por el tiempo, que tiene en estos parajes a un agente catalizador —por excelencia— de la corrosión, el salitre. Pero al ensanchamiento morfológico y conceptual de esta variante genérica contribuirán también las múltiples variaciones adquiridas por el objeto artístico en dependencia del enfoque y el interés de cada artista; así como las distintas manifestaciones desde las cuales puede ser abordado el mar: variante que al mismo tiempo ostenta un sólido sistema estructural de valor heurístico inagotable.

IV

Este concepto gana mayor significación en la plástica cubana por la complejidad socio-cultural que entraña el espacio del Caribe. Donde el mar es cerco y camino, fuente de vida y muerte; y el salitre, un signo de la provisionalidad, la zozobra y el naufragio. Además, estos elementos privilegiados en una obra favorecen el tropo; en especial la metonimia, entendida como la parte por el todo, donde la sola representación de un bote precario puede leerse como la necesidad del isleño de pisar tierra más firme, o como diría Yolanda Wood: «el nostálgico mar de las partidas que siempre indica un posible regreso»[49].

Con los primeros asentamientos de los conquistadores españoles en nuestras costas, se fundan las primeras villas y las fortificaciones militares que permitirían asegurar el control y dominio territorial; siendo la bahía de San Cristóbal de La Habana un importante centro de operaciones marítimas y comerciales entre la Colonia y su Metrópoli. Al decir de Olga López Núñez:

> El mar siempre estuvo presente en los acontecimientos históricos de Cuba y fue inspiración de los artistas plásticos de todas las épocas que se expresaron de acuerdo con las tendencias artísticas del momento. Las primeras representaciones de Cuba y su entorno marino aparecieron gracias a los cartógrafos del siglo XVI quienes en sus bellas calcografías colocaron en el Mar Caribe a los monstruos que decoraban la cartografía medieval.[50]

---

[49] Wood, Yolanda. *El Caribe: donde se encuentran las aguas.* (Texto original inédito concedido por la autora en formato digital), p-1.

[50] López Núñez, Olga. *Cuba y el mar.* (Palabras al catálogo de la exposición homónima en formato digital).

Las primeras vistas marítimas se deben al trabajo desempeñado por los grabadores, entre ellos: Dominique Serres, Eliab Durnford, Federico Mialhe y Edouard Laplante, que con un alto nivel de preciosismo repararon en las bondades de nuestro paisaje, conformando así las versiones más cercanas a la realidad, puesto que fueron realizadas a partir de la observación directa; a diferencia de las versiones anteriores hechas de oídas donde primaban exotismo y fantasía.

V

Gradualmente, hubo una eclosión de paisajes marinos pertenecientes a otras provincias del país; lo cual demuestra que el derecho a la representación no fue privativo de la bahía habanera. Entre finales del siglo XVIII y la primera mitad del XIX se extiende el interés por el mar al ámbito de la pintura; siendo el Romanticismo una de las corrientes artísticas que mayor atención le brindó al género, donde se destacaron importantes artistas como Esteban Chartrand, cuyos paisajes, evidentemente, evocaban una atmósfera que no se correspondía con la luz tropical; pero de una factura brillante, donde reinaba más bien una bruma nostálgica idealizante. Valentín Sanz Carta fue otro de los exponentes más notables del paisajismo en Cuba, pues además de toda su obra, desarrolló una importante labor pedagógica relacionada con este género en la Academia de San Alejandro. Sus cuadros poseen un aliento realista verdaderamente convincente; pero el paisaje marino, litografiado y pintado hasta entonces, era el resultado de la concepción de artistas foráneos radicados en Cuba, por lo que es lógica cierta discordancia o tergiversación del paisaje insular, contaminado por la mirada del visitante extranjero.

VI

La generación de pintores de transición desarrolló la mayor parte de su obra en el siglo XX. Entre estos, Leopoldo Romañach fue uno de los pocos que se sintió motivado por las marinas, las cuales desplegara magistralmente. La doctora Adelaida de Juan apoya esta idea cuando asegura:

> Con respecto al paisaje marino, resulta curioso el poco interés que ha despertado a lo largo de nuestra pintura. Después de los primeros grabados del siglo XVIII, hechos por extranjeros que se guiaban solo por los relatos de los marinos, con la excepción de los realizados por Dominiques Serres cuando la Toma de La Habana por los ingleses en 1762, la Isla de posición geográfica privilegiada, se vira de espaldas al mar.[51]

Esta conclusión pudiera parecer demasiado abrupta, pero basa su fundamento en síntomas reales, lo cual constituye una vergonzosa paradoja. ¿Cómo es posible que en un país rodeado de agua por todas partes, no exista una justa correspondencia entre la participación activa del mar en la vida de los cubanos y su representación pictórica? A excepción de Antonio Rodríguez Morey, Mariano Rodríguez y Cundo Bermúdez, que en distintos momentos incursionaron en dicha temática, el resto de nuestros artistas plásticos ha tejido un silencio notable.

Por suerte, durante los años sesenta, Luis Martínez Pedro comienza a desarrollar —desde el lenguaje del abstraccionismo concreto— exposiciones dedicadas, exclusivamente, al tema del mar, donde primaban

---

[51] Juan, Adelaida de. «Los temas en la pintura cubana»; en *Abriendo Ventanas. Textos críticos*. Editorial Letras Cubanas, Ciudad de La Habana, 2006, p-108.

obras marcadas por un aliento poético, fino y sugerente. A propósito de las cuales, José Lezama Lima pudo ver —más allá de sus formas concentradas y geométricas, el azul del cielo y el mar tropical cerrados en la unidad de sus composiciones— «el instante en que la brisa penetra a la gota de agua como un hacha y la esparce sobre el cuerpo»[52], o «el trazo en extremo acucioso que brinda la delicada sorpresa de abrirse como una flor»[53]. Imagino que pensara en una orquídea por la gama de rosados, violetas y azules que la semejan a sus obras.

VII

En la exposición *Cuba y el mar*, que referimos al principio, aparecen incluidas obras de la mayoría de los artistas mencionados anteriormente, desde una perspectiva histórica en cuanto al desarrollo del paisaje marino en la pintura cubana. Pero junto a estos autores, figuraban también otros que quizás, de manera más tímida o discontinua, ofrecieron alguna vez su visión personal de la costa, el litoral habanero o escenas de pesca, como es el caso de José Mazzucchelli, Federico Américo, Antonio Gattorno, Consuelo Castañeda y Pedro Pablo Oliva, entre otros.

La muestra estuvo conformada por treinta y tres piezas de diverso formato que permitían un recorrido panorámico a través de las diferentes corrientes artísticas (Romanticismo, Realismo, Cambio de siglo, Vanguardia del siglo XX, Abstraccionismo y otras tendencias más actuales). La selección

---

[52] Lezama Lima, José. *Luis Martínez Pedro. Aguas Territoriales*. (Palabras al catálogo de la exposición homónima). Galería de La Habana, Consejo Nacional de Cultura, 9-28 de abril de 1963, p-3.

[53] _____; *Martínez Pedro. Otros signos del mar*. (Catálogo). Museo Nacional de Cultura, 1971, p-2.

de las piezas, el montaje y la concepción misma de la exposición devinieron rubros polémicos y cuestionables, debido a la desigual calidad de las obras, al tedio que irradia el tema único —aunque su curadora pretendiera ofrecer diversas interpretaciones del mismo, a mi juicio un objetivo que quedó insatisfecho por sus propias limitaciones— y al contraste evidente entre la expectativa creada por el título y el anacronismo de algunos cuadros, que van más allá de esa vasta e inclusiva «cultura del salitre», donde la alusión y la elipsis están permitidas cuando refieren —aunque de manera indirecta— la brisa marina. En conclusión, lo que según la Agencia Nacional de Prensa fue un éxito en territorio griego meses antes, se convierte en legítimo naufragio en costas cubanas.

VIII

El mar, ese «muerto enorme y triste/que soportó sin cólera sobre su lomo complaciente/el buque (...) que trajo al tirano»[54], «esa masa de agua que reduce y extiende la distancia entre las islas y crea la permanente inminencia del horizonte ante los ojos, una línea azul entre los azules dominantes del cielo y el mar»[55], ha sido un motivo menospreciado por los pintores cubanos de todos los tiempos, sobre todo, durante el siglo XX, cuando el silencio se hace ancho y triste, mientras el mar suspira y se ahoga en su propia espuma, rendido al calor bochornoso de la Isla.[56]

---

[54] Martí, José. *Odio el mar*; en http://www.poemasde.net.

[55] Wood, Yolanda. Ob.cit. p-1.

[56] Artículo publicado en revista electrónica *Esquife*, No. 64, enero de 2009. http://www.esquife.cult.cu/primeraepoca/revista/64/02.htm

BIBLIOGRAFÍA:

Castellanos León, Israel: «Algunas islas del ser»; en *Revolución y Cultura*, No. 3-4, mayo-junio de 2008, Época V. Año 50 de la Revolución, pp. 33-39.
Juan, Adelaida de: «Los temas en la pintura cubana»; en *Abriendo ventanas. Textos críticos*. Editorial Letras cubanas, La Habana, 2006. pp. 108-109.
_____: *Paisaje con figuras*. Ediciones Unión, La Habana, 2005.
Lezama Lima, José: *Luis Martínez Pedro. Aguas territoriales*. (Catálogo). Galería de La Habana, Consejo Nacional de Cultura. (9-28 de abril de 1963).
_____: *Martínez Pedro. Otros signos del mar*. (Catálogo). Museo Nacional de Cultura. 1971.
Navarro Bello, Galit: *Una aproximación al paisaje como patrimonio cultural, identidad y constructo mental de una sociedad* (Texto en formato PDF), Universidad Central de Chile, 2003.
Pérez Maletá, Conrado Rafael: *Filosofía del paisaje. Teorema conceptual III* (Texto en formato digital).
Wood, Yolanda: *Arte y geoidentidad en el Caribe insular* (Texto original concedido por la autora en formato digital).
_____: *El Caribe: donde se encuentran las aguas* (Texto original inédito concedido por la autora en formato digital).
_____: «La insulomanía en el arte cubano actual», en *Las artes plásticas en el Caribe. Praxis y contextos*. Editorial Félix Varela, La Habana, 2000, pp. 145-151.

SITIOS WEB CONSULTADOS:

Crespo Orozco, Zorky: *Cuba y su mar inspirador*, en http://www.cmbfradio.cu, consultado el 19/09/2008 a las 3:56 p.m.
Lastarria Hermosilla, Carlos: *Los orígenes del paisaje marino*, en http://www.estrellavalpo.cl, consultado el 24/09/2008 a las 10:38 p.m.
López Núñez, Olga: *Cuba y el mar*, en http://lajiribilla-habana.cuba.cu, consultado el 4/10/2008 a las 8:14 p.m.

NOWHERE: UNA VIDA EN OTRA PARTE

Durante los meses de septiembre y octubre del presente año, podrá disfrutarse, en la Galería de la Biblioteca Rubén Martínez Villena del Centro Histórico de la Ciudad, la exposición personal *Land-Escapes* del joven artista de la plástica Hander Lara (graduado del Instituto Superior de Arte). La muestra, integrada por 12 piezas de mediano formato e idénticas proporciones, reúne un grupo de paisajes de singular creatividad obtenidos mediante la manipulación fotográfica. En este sentido, el nombre puesto a la exhibición, nos informa oportunamente de su intencionalidad y una gran coherencia, puesto que la separación en sílabas del vocablo en inglés —que significa «paisajes»— anuncia, por una parte, cierta ruptura con la representación tradicional de este género pictórico, al tiempo que enfatiza, por otro lado, el subtexto latente en cada uno de los cuadros, cuyo objetivo es producir extrañamiento en el espectador y gestionar su catarsis.

Si traducimos el título literalmente, aunque con un poco de torpeza y falta de estilo, podría interpretarse como una suerte de «escape» a otras tierras, por decirlo de algún modo. Es ahí, justamente, donde radica la clave conceptual de estas imágenes que, desde una visualidad ingenua, como creada por la imaginación infantil —emparentada a su vez con el arte digital, específicamente, ese que ha invadido los *blogs* de Internet, donde lo inverosímil se hace deseable por hermoso— el artista nos sugiere una revisión de la cotidianidad, un encuentro cercano de tercer tipo con aquellos objetos que forman parte de nuestra vida diaria; ejercicio que no está exento de cierta vocación crítica, en tanto, discursa sobre la necesidad de evadir mentalmente «una realidad polémica y convulsa, constituyendo una suerte de *escenografía del deseo*, de esos lugares donde desearíamos estar»[57].

De esta forma y gracias al ingenio del artista que metamorfosea objetos ordinarios en lugares soñados, viajamos a otras latitudes, donde unos pedazos de plástico azul se convierten en olas para surfear, una frazada de invierno marrón en litoral bañado por las aguas de un océano blanco y espumoso, recreado a partir de una sábana estrujada; las cerdas de un cepillo de dientes —adornadas con motivos dorados— deviene trigal iluminado por un sol que atardece entre las montañas; una sobrecama blanca bordada con hilos azules, un paisaje en la nieve donde corren aún los ríos antes de congelarse, y la válvula de una olla de tres pistones sobre un paño amarillo, un faro abrazado por algún tsunami. Así las cosas, la puerilidad se desvanece y la propuesta alcanza cierto brillo antropológico, un tono más firme por no decir grave al convertirse en registro cabal del sueño común de mucha gente, cuya obsesión descansa en la experiencia del viaje, las ganas de romper el horizonte y esa maldita circunstancia del agua por todas partes.

---

[57] Criterio del artista recogido en sus palabras al catálogo.

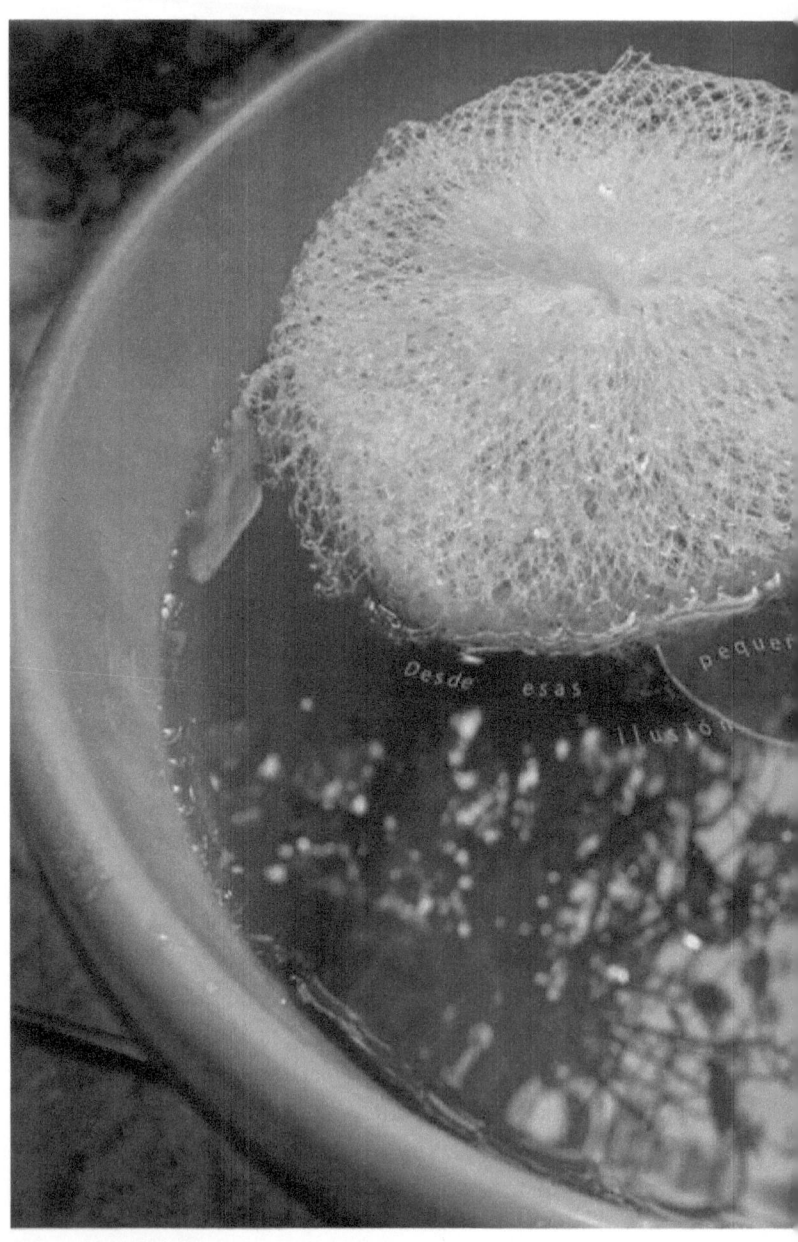

En las redes de un nenúfar, de la serie *Land-Escapes* (2009-2010), Hander Lara.

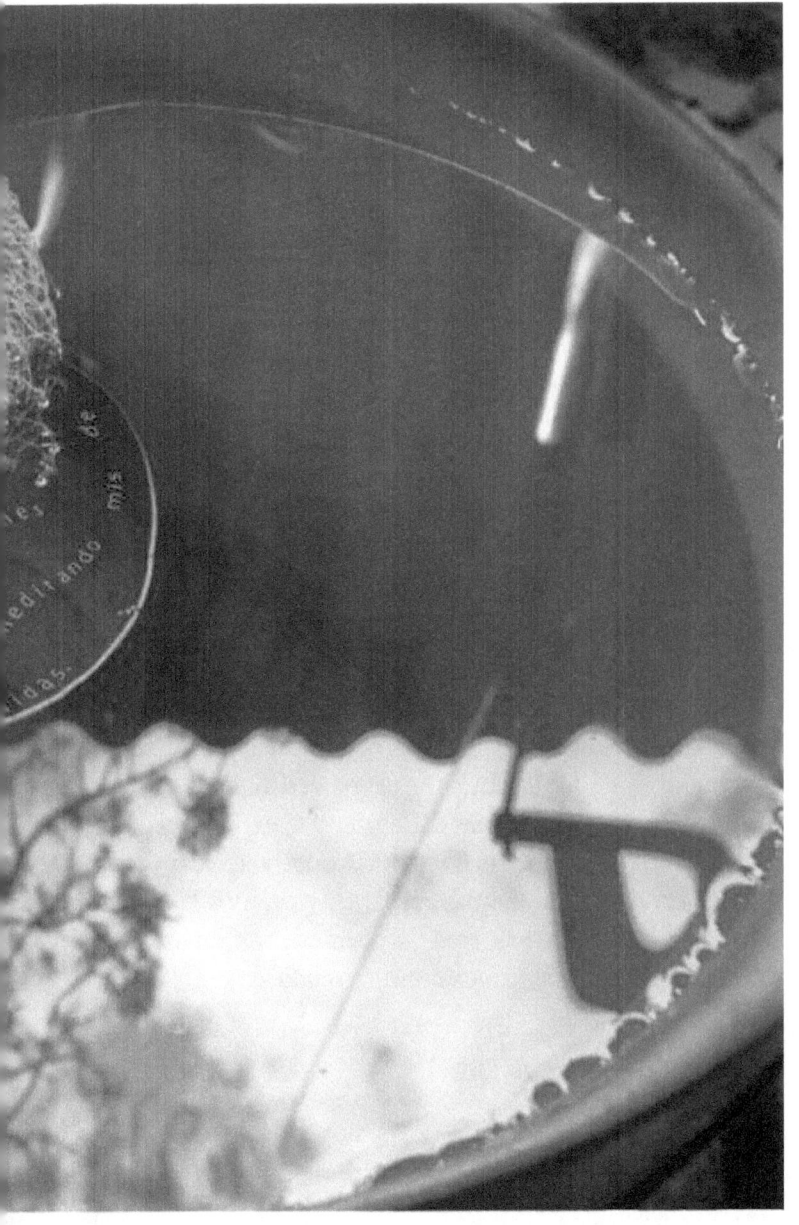

A estos efectos, una de las piezas mejor logradas, a mi juicio, es: *En las redes de un nenúfar*, en la cual observamos una esponja de fregar de color amarillo que flota dentro de un recipiente con agua, cuyos bordes quedan perfectamente visibles, al tiempo que simula un estanque de aguas tranquilas donde se refleja el cielo. Allí leemos también como ondas en el agua un rótulo que indica: «Desde esas pequeñas porciones de ilusión voy meditando mis salidas». Pocas veces vi en el arte cubano una metáfora tan triste y hermosa sobre la claustrofobia insular. Las demás piezas son igual de sugerentes y atractivas, composiciones lúdicas —pareciera un *hobby*— donde el artista resalta determinados objetos; los cuales son sustraídos de su contexto habitual y puestos en primer plano, mientras diluye el fondo dejando fuera de foco los elementos restantes, razón por la cual nos parecen desconocidos e insólitos. A todo esto se suman textos que amplían las posibilidades de interpretación de cada imagen, como el ejemplo analizado anteriormente.

En resumen, *Land-Escapes* constituye una propuesta interesante y arriesgada por las hermosas analogías y sutiles confrontaciones que establece entre lo particular y lo universal, a través de la reificación del objeto y la experiencia cotidiana. Múltiples serán las interpretaciones y acercamientos a esta obra *sui géneris*. En lo adelante, volvamos la mirada sobre las pequeñas cosas, esas que siempre han estado ahí y pueden ser, alguna vez, nuestra única salida. [58]

---

[58] Artículo publicado en *Noticias Artecubano*, No. 10, octubre de 2011, Año 11, p-14.

ARTE Y NATURALEZA: EL REPOSO DE LA MIRADA

Por estos meses coinciden en nuestra ciudad dos exhibiciones que tienen por denominador común: el paisaje como género y la pintura en tanto expresión artística, a propósito de los cuales se fortalece el vínculo entre arte y naturaleza. Como si la relativa cercanía a los *Everglades* tuviera un fin pedagógico, *Into the Wild* (muestra colectiva) y *Cartografías del agua* de la artista española Rufina Santana, han sido emplazadas en ámbitos estudiantiles. Me refiero al Frost Art Museum, perteneciente al campus de la Universidad Internacional de Florida (FIU) y al Miami Dade College de Kendall, respectivamente. Ambos, situados en la misma avenida 107 del South West. Casi el límite entre la civilización, los espacios urbanos y la tranquilidad salvaje del monte.

A estos efectos, es importante señalar que el paisaje constituye uno de los temas más antiguos en la historia de la pintura, cuyo interés no decae aún siquiera en la contemporaneidad, a pesar de la sobredosis de malos intentos de pintura en las ferias más comerciales. De modo que como todo género artístico ha ido evolucionado con el tiempo y ganando aceptación, respetabilidad.

En *Cartografías del agua*, por ejemplo, Rufina Santana (Las Palmas de Gran Canaria, 1960), nos convida a hacer un viaje de reconocimiento profundo al centro mismo de nuestras identidades. Ella se vale del poder comunicante del agua, que recorre el planeta, como metáfora del viaje y sus distintos horizontes (acaso una de sus obsesiones como artista, no olvidemos el origen isleño). De ahí que sus cuadros, de dimensiones colosales emulen con la pintura mural y tengan el aspecto simbólico de un mapa. Entonces, el torrente de líquido azul se llena de fábulas, mitos y promesas. Mientras Santana se erige como guía segura de una travesía, cuyas raíces vienen de una gran espiritualidad.

Cada pieza imita la quietud o la euforia del océano y sus proporciones pueden hacer que confundamos los lienzos con nuestras ansias delirantes por salir al mundo. Con el encanto de una paleta que explota todas las tonalidades de azul, divisamos casi siempre una barca en medio de un tsunami probable o el remanso de una ola. La pintura de Rufina, sobrecoge. Igual de serio y reflexivo debió sentirse Ulises, ante leguas interminables de salitre que lo alejaban de su amada Penélope. Celebremos la fuerza y la magia con que estas obras se roban nuestros sentidos en un ejercicio de relajación con un mensaje por qué no, también ecológico.

Into the Wild, en cambio, como su título indica, se adentra en el mundo del bosque, el reino de la clorofila, donde prima el color verde. De modo que la galería se antoja a ratos como un sendero a través del cual exploramos los misterios de la jungla y el abrazo maternal de la hojarasca. Quizás por esa razón, Carol Jazzar, privilegió en la selección y montaje de dicha muestra, cuadros de gran formato, para dar la sensación realista de habitar por un momento cada uno de los paisajes. Integrada por una nómina de 10 artistas: Augusto Chartrand Dubois, Elisabeth Condon, Scott Armetta, Donna Torres, Magnus Sodamin, Lilian García Roig, Ernesto Kunde, Typoe, Miguel Arias y John De Faro; y más de una veintena de piezas, en su mayoría de factura muy reciente —con excepción de *The Approaching Storm* (1880) de Chartrand, una joya de colección— asistimos a una mirada panorámica y diversa del paisaje rural, tan caro a la tradición pictórica.

Entre las obras más llamativas se encuentran *Flora Physica* (2015) de Donna Torres, 24 acuarelas sobre papel, que constituyen una suerte de estudio botánico, pues la artista hace particular énfasis en la anatomía de las flores y frutos de algunas plantas así como hongos y cactus. Al mismo tiempo busca la belleza de las líneas rectas y espirales, muy agradables a la vista; aunque guarden cierta familiaridad con las vivisecciones que se realizan en un laboratorio. Por su parte, Magnus Sodamin, Ernesto Kunde y Lilian García-Roig abrazan los grandes formatos, así como dípticos y trípticos, mientras coquetean con el abstraccionismo y la mancha frenética. Así de contrastantes resultan ambas exposiciones, entre verdes y azules que nos sirven de terapia visual, mientras la mirada reposa. Es siempre saludable escapar de la jungla de asfalto para acudir al llamado de la naturaleza.[59]

---

[59] Artículo publicado en «Galería 305», *El Nuevo Herald*, domingo 4 de octubre de 2015, p-6.

DIEGO SANTANELLI O LOS CORTEJOS DEL ABISMO

Hasta el 25 de junio fue apreciada en el Canale Diaz Art Center de Coral Gables, la primera muestra personal en los Estados Unidos del artista italiano Diego Santanelli (Nápoles, 1965), quien reside actualmente en Miami Beach, donde también tiene su estudio. Se trata de una exposición de pintura, conformada por una docena de piezas bajo el título *Resilience*, la cual ha sido comisariada por la especialista y Máster en Museología, Raisa Clavijo, fundadora y editora de las revistas *Artpulse, Artdistricts, Wynwood: The Art Magazine* y directora de *Artium Publishing*. Enumero sus competencias profesionales para resaltar el tino con que habrá seleccionado la obra del artista, teniendo en cuenta la profundidad conceptual de sus trabajos más recientes y su esmerado discurso formal.

Según Clavijo, *Resilience*, alude a «la capacidad del ser humano de adaptarse y superar la adversidad, de crecer emocionalmente, de crear belleza desde la oscuridad y el dolor»; de ahí que seamos testigos de una propuesta de notable implicación biográfica. Pues dicho *corpus* participa de una serie titulada, *Apocalypse,* inspirada en el libro homónimo, presentado por el Apóstol San Juan en el Nuevo Testamento. De esta forma, Santanelli intenta «explicarse lo divino y encontrar la verdad acerca del universo, a partir de la observación consciente y la exploración de su mundo interior».

Para ese viaje introspectivo escogió el camino de la abstracción, la cual le permite evadir la realidad, anidando en una suerte de paisajes místicos, rincones donde escucha los ecos de su propia voz; ejercicio que conduce al fortalecimiento de la voluntad y del espíritu. Todo esto se expresa mediante líneas quebradas, multidireccionales, parecidas a relámpagos que cruzan el lienzo como si se tratara de una visión íntima del caos, tensión entre las fuerzas del bien y el mal. Prima en estas obras el blanco, el azul y el rojo, de tal manera, que aunque nos cueste visualizar algún referente, más allá de las espirales de la subjetividad, podemos intuir algún paisaje helado, arbustos escurridizos, cataratas infernales y hasta el flujo de una lava volcánica rojísima, que se nos encima o cae por un precipicio.

Santanelli propone con cada una de estas piezas una suerte de radiografía del vértigo, donde explaya eso que sentimos al borde del abismo, ganas de saltar mientras nos quedamos inmóviles. Se trata de lugares distantes, conflictivos, en perenne movimiento; ríos de pintura que buscan su centro magnético, un mundo intrincado y personal que se derrite como la persistente memoria daliniana. Entonces, descubrimos su técnica, influenciada por el *action painting* de Jackson Pollock, algo que Santanelli ha insistido en llamar *branching*, una «experimentación pictórica basada en la libre interacción con la materia y la búsqueda de formas alternativas de perspectiva capaces de generar una nueva profundidad». Dicha técnica consiste en verter ciertas cantidades de pintura sobre el lienzo, dejando que los materiales se mezclen espontáneamente y se desplacen por acción de la fuerza de gravedad, mientras el artista inclina el plano de trabajo y concibe un tejido cromático rico en texturas debido a las diferentes capas que se acumulan en el proceso.

Este artífice de formación autodidacta y médico de profesión decide enfocarse totalmente en la pintura a partir de 2008, después de mucho tiempo dedicado a la Odontología. «Mi trabajo interpreta el acto creativo como un ejercicio catártico encaminado a exorcizar el dolor, la soledad, pero también a canalizar la alegría y mi reacción ante todos los estímulos provenientes del entorno cotidiano. De este modo, proyecto mis emociones a partir de la interacción directa con la materia pictórica junto a la cual emprendo un trayecto armónico de intensa colaboración. He hallado un paralelo entre la maleabilidad plástica de la materia y esa capacidad de adaptación y supervivencia del ser humano a situaciones extremas y dolorosas, en su viaje personal de búsqueda de la verdad y en pos de lograr la comunión con ese algo divino e inexplicable que creemos rige el universo».

Apocalipse, está conformada también por una pieza de teatro musical y varios poemas, estos últimos acompañan los cuadros en las paredes de la

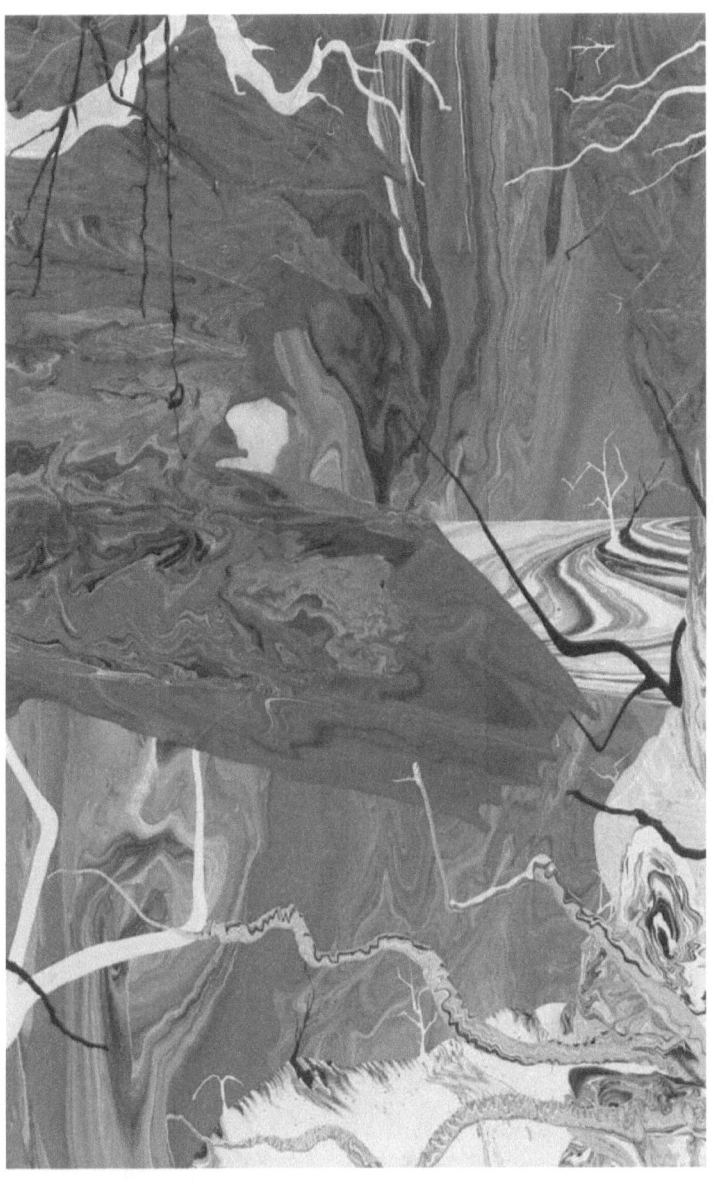

Apocalypse Zero 13M (Detalle), 2016, esmalte sobre lienzo, Diego Santanelli. Foto de Antonio Vanni, cortesía del artista y del Canale Diaz Art Center.

galería como complemento de ese estado de ánimo en busca de «la revelación y el renacimiento», en medio de la soledad y las dudas, que constituyen al mismo tiempo un viaje de autorreconocimento. En resumen, la obra de este creador está plagada de reminiscencias simbólicas, asociadas al universo de la fe, mediante un interesante procedimiento técnico que lo convierte en producto artístico exclusivo, por lo que la visita al Canale Diaz Art Center no puede esperar. La invitación está hecha.[60]

---

[60] Artículo publicado en «Galería 305», *El Nuevo Herald*, domingo 8 de mayo de 2016, p-4.

ALAN MANUEL GONZÁLEZ, CATARSIS ANTE EL ESPEJO

Hasta finales de mayo será exhibida oficialmente en The Americas Collection Art Gallery de Coral Gables, la muestra personal de pinturas *History Catcher* del artista cubano Alan Manuel González (La Habana, 1972). Integrada por una decena de piezas de gran formato en la técnica mixta de acrílico y grafito sobre lienzo, el paisaje hiperrealista no es más que un señuelo para convidar al espectador y hacerlo partícipe de discursos menos complacientes sobre la realidad contemporánea, aunque la factura visual de estas obras causen a un tiempo el placer retiniano.

Cada pieza combina minuciosamente el follaje verdeazul de la flora tropical —en la que predominan las palmas reales, emblema gastado de «lo cubano»— con rincones igual de pintorescos y simbólicos de la Habana como el Capitolio Nacional, la Plaza de la Revolución, la estatua de Jose Martí en el Parque Central o una reja colonial de la ciudad escombrada, en ruinas hace tiempo. La fuerza conceptual de estas piezas

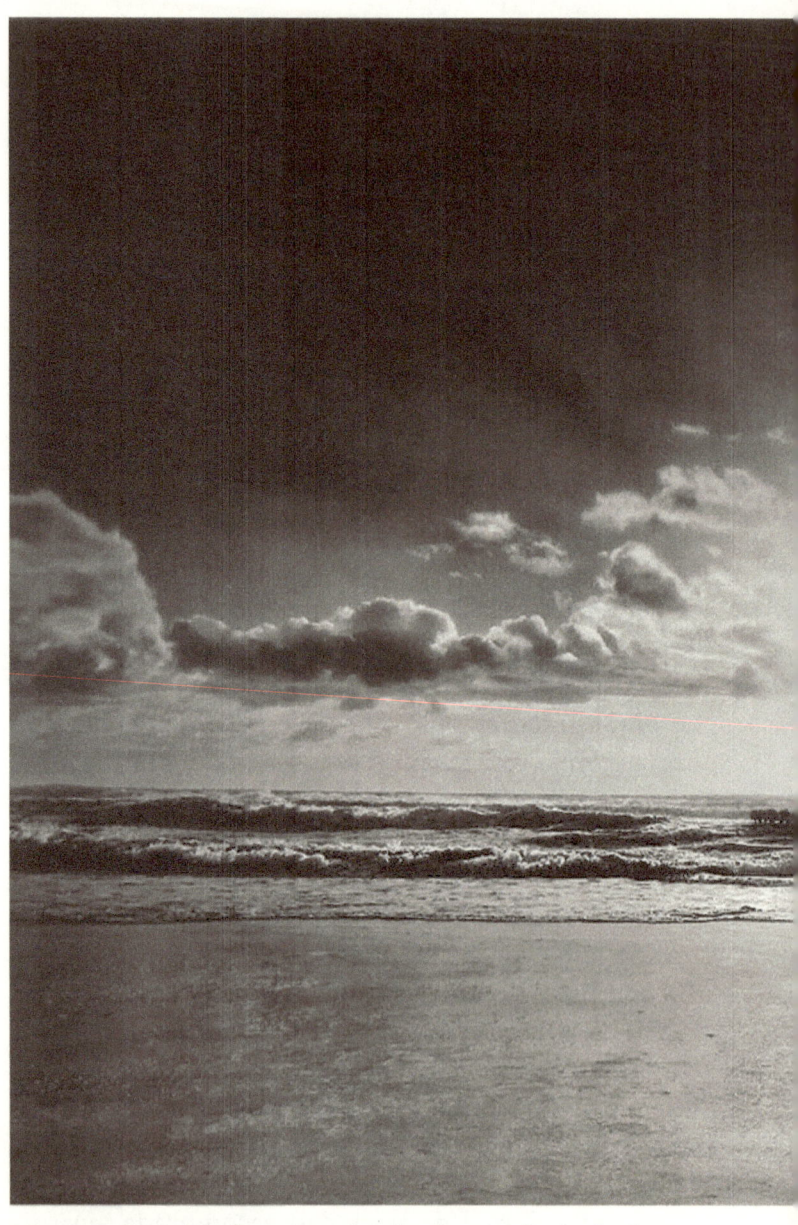

Ocaso por venir (2016), técnica mixta (grafito y acrílico) sobre lienzo, Alan Manuel González.

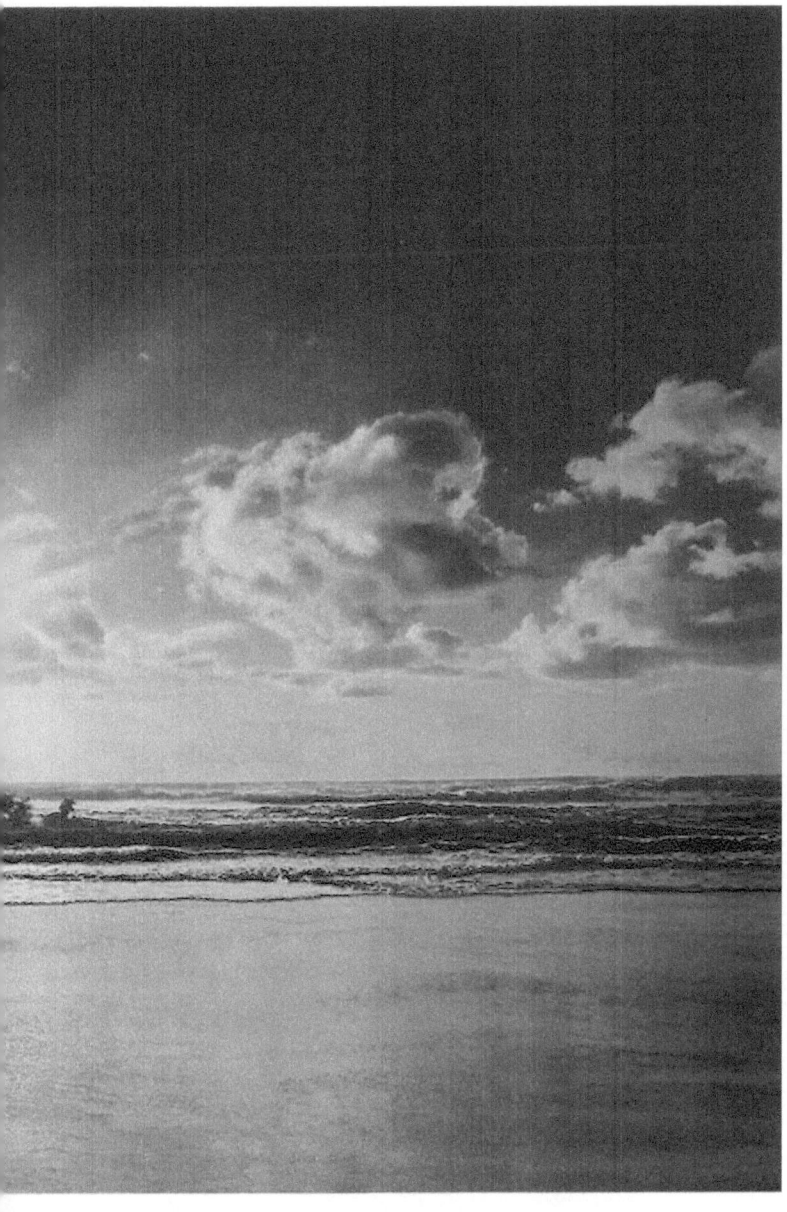

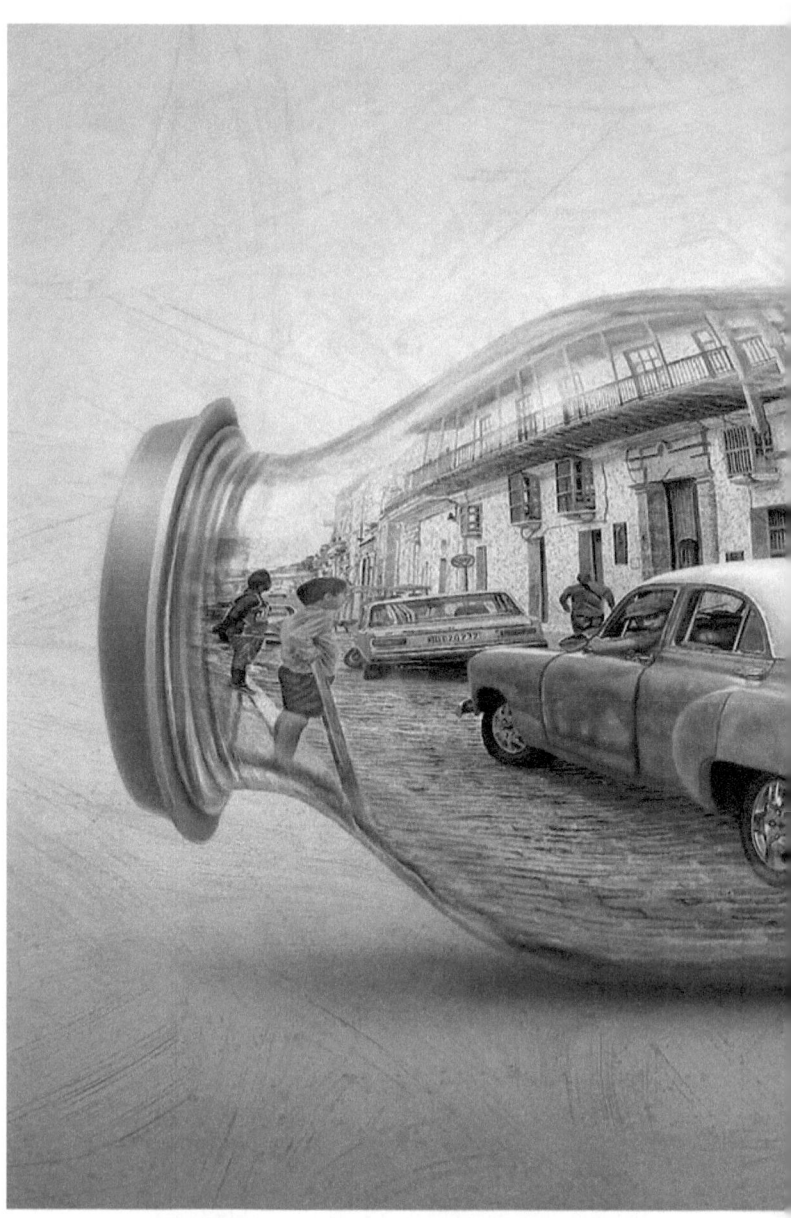

Marcha Atrás (2016), técnica mixta (acrílico, grafito, plata) sobre lienzo. Serie *Dichoso el hombre que soporta la prueba*, Alan Manuel González.

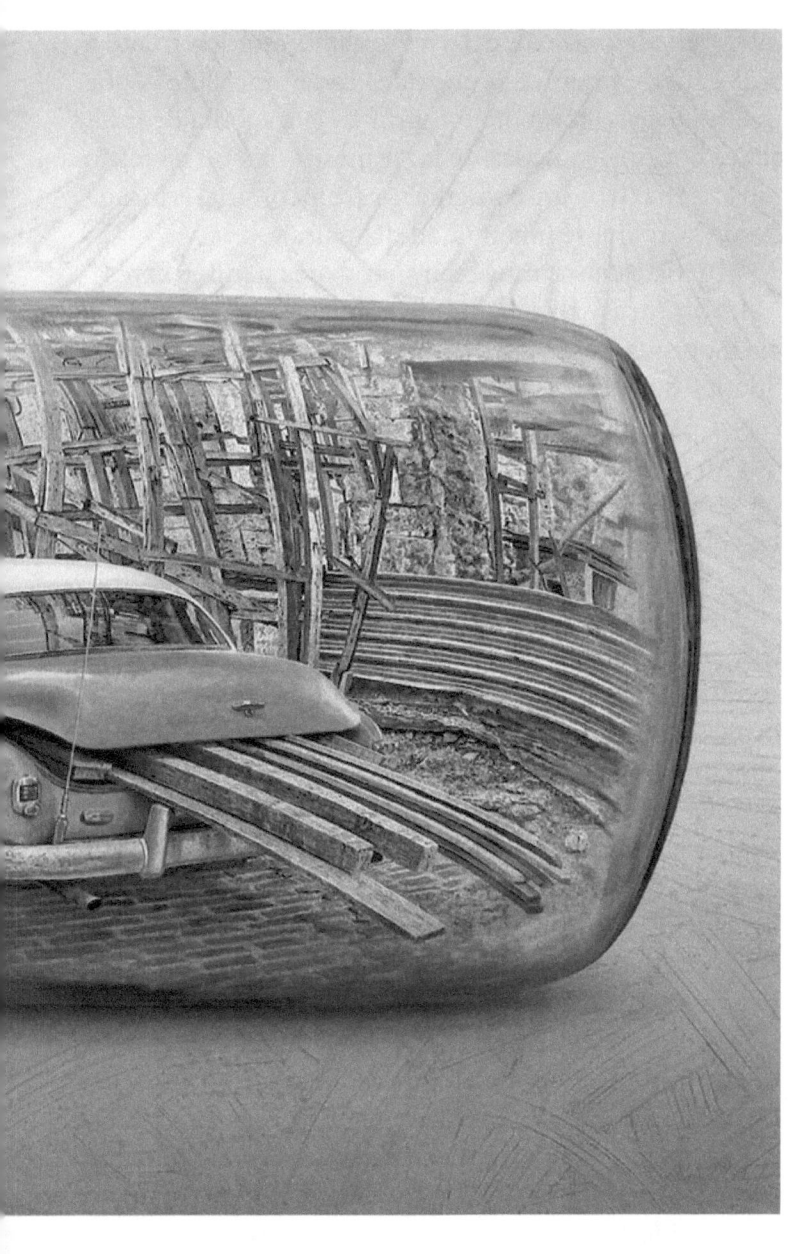

anida en el contraste del virtuosismo estético frente a la decadencia del referente; pues cada pincelada —que disimula el antecedente fotográfico y la agonía de múltiples bocetos en busca de la mímesis— es un ejercicio harto reflexivo, un comentario irónico, una estocada desde la aparente ingenuidad del paisaje.

El artista define muy bien su trabajo cuando expresa: «Mis pinturas son el fruto de la ineludible circunstancia. Son metáforas que hablan sobre nosotros mismos. Son las dolencias de nuestro presente social, político y espiritual, convertidas en imágenes que denuncian lo que yo mismo, mis coterráneos o quizás el ser humano en general, padecemos. Es un lenguaje visual no elitista, comprensible para la gente común como yo, inmersas o enfrentadas a las razones de su vivir.»

De ahí que el hundimiento y la asfixia de los símbolos aislados de la realidad por algún contenedor de cristal transparente, ya sea un vaso, una taza de café o un litro de leche, esté siempre cerrado por un corcho, una tapa o puesto bocabajo, de modo que no llega el oxígeno. Aquí el discurso fluye en tres niveles distintos: el paisaje preciosista como alarde técnico, los edificios emblemáticos que representan el poder y sus consignas, y los objetos corrientes como extensión de las necesidades más perentorias de la gente humilde, el pueblo cubano.

«Si pinto estas escenas envueltas en belleza es porque a través de ellas, de alguna manera misteriosa y espiritual, quisiera alcanzar la redención para quienes las contemplen y para mí mismo. O quizás las pinto como recordatorios de lo que hoy vivimos y como súplicas de que nuestro futuro se trueque en gozo y bienestar», manifiesta el artista.

La muestra exhibe títulos desgarradores como *El bunker donde habito, Café cubano, Historias de emigrantes, Moneda Nacional, Esperando una Esperanza, Ocaso por venir, Marcha atrás, Sabor a Poder, Aislamiento rojo, Divina nostalgia*; todos concebidos en 2016. Una solidaria apuesta por la verdad, lejos de la que venden los noticiarios y la prensa oficial.

González, graduado en 1986 de la Escuela Vocacional de Arte Paulita Concepción y en 1990 de la Academia de Bellas Artes San Alejandro, tiene en su trayectoria catorce exposiciones personales, treinta y tres muestras colectivas, dos ferias internacionales de arte y ha recibido Mención de Honor en el Salón Nacional de Paisaje celebrado en La Habana, dos veces consecutivas en los años 2011 y 2015. Tiene obras expuestas permanentemente en La Catedral y el Arzobispado de La Habana, y se encuentran también en colecciones privadas de Alemania, Argentina, Colombia, Cuba, España, Estados Unidos, Francia, Holanda, Inglaterra, Martinica, Panamá, Perú y Rusia, entre otros.

A medio camino entre la pintura del gran Tomás Sánchez, cierta zona creativa de Agustín Bejarano y el paisajismo idílico de Esteban Machado, la obra de este joven artista enfrenta nuevos retos, incendia paradigmas, hace tambalear los arquetipos de feria y se apropia de su tiempo histórico para hacer catarsis colectiva frente a un espejo roto, que se hace añicos y se encarna luego en las pupilas.[61]

---

[61] Artículo publicado en «Galería 305», *El Nuevo Herald*, domingo 29 de mayo de 2016, en portada y p-4.

SOBREVIDA DE UN NÁUFRAGO: EL VIAJE INTERMINABLE DE ARTURO PRINS

El pasado 17 de junio se inauguró en el Art Center Allapattah (ACA), al Oeste de Wynwood, *Gitano*, la primera exposición personal de pinturas y dibujos en los Estados Unidos del artista de origen argentino —durante mucho tiempo radicado en España y desde hace poco establecido en Miami— Arturo Prins (Buenos Aires, 1972). De ahí que el título de la muestra no pudiera ser más coherente, ya que se trata de un artista errante, de esencia diaspórica, cuyo itinerario por el mundo lo ha llevado desde las alturas del Tíbet a la isla de Creta, de los rincones más pintorescos de Tailandia hasta las playas de la Riviera Maya en México, de las excentricidades neoyorquinas al calor sofocante de Miami Beach.

Si un artista conoce el sentimiento de provisionalidad, el agotamiento del naufragio, la saturación encantada del viaje, es justamente Prins; quien no puede disimular en su obra esa misma espontaneidad cambiante y estilo tan ecléctico, derivados de la influencia cultural de sus múltiples exploraciones. En entrevista para *El Nuevo Herald*, el pintor explicó: «Me niego a ser fiel a un estilo. Rechazo el compromiso de coherencia temática visual. No quiero llevar el codiciado anillo de bodas con una estética particular, sino con varias, un desenfreno estilístico de orgías, oasis, jardines de flores y plantas distintas, exóticas. Elijo el vagabundeo solar, la siesta cretense, el gitaneo de mundos y magias íntimas.... los faros solitarios y las ninfas de los mares. Ser nómada no es fácil, se paga caro, pero es mi llave para descubrir el universo».

La exhibición de marras, conformada por 8 pinturas de mediano y gran formato, 2 carboncillos y 15 dibujos en técnica mixta, constituyen —en esta oportunidad— el episodio más reciente del cuaderno de bitácora de este peregrino incansable, en el cual priman sus trabajos concebidos durante los últimos meses en la zona de Mahahual, México. Pero, lo más curioso de su obra es el hecho de situarse lejos de la tradición plástica de los pintores viajeros del siglo XIX, que venían a América influenciados por los hallazgos de Alejandro von Humboldt, y cuyas obras no sobrepasaban el toque científico-naturalista o el carácter descriptivo del paisaje clásico, la minuciosidad de algún estudio de botánica o el costumbrismo histórico, convertido hoy en excitaciones folclóricas para turistas.

Prins no concibe postales de la realidad, su mundo es bastante desgarrado. Expresionista al estilo de Edvard Munch, muchas veces visionario y esotérico como William Blake; de composiciones surrealistas o abstracto-geométricas, pasando por texturas artesanales o los atropellos estéticos del *bad painting*, con piezas que tienen mucho de *naif* y arte urbano, y otras de vocación orientalista, medio zen. En resumen, ese ca-

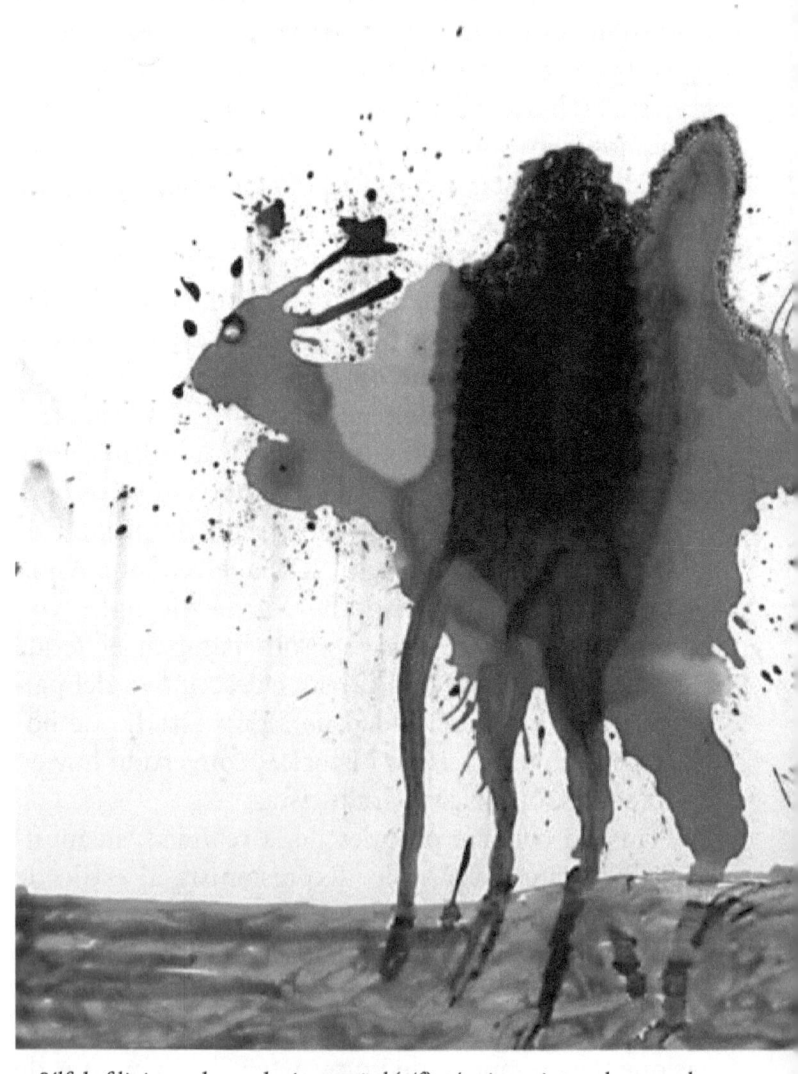

Sílfide filipina y dromedario español (s/f), técnica mixta sobre papel artesanal, Arturo Prins.

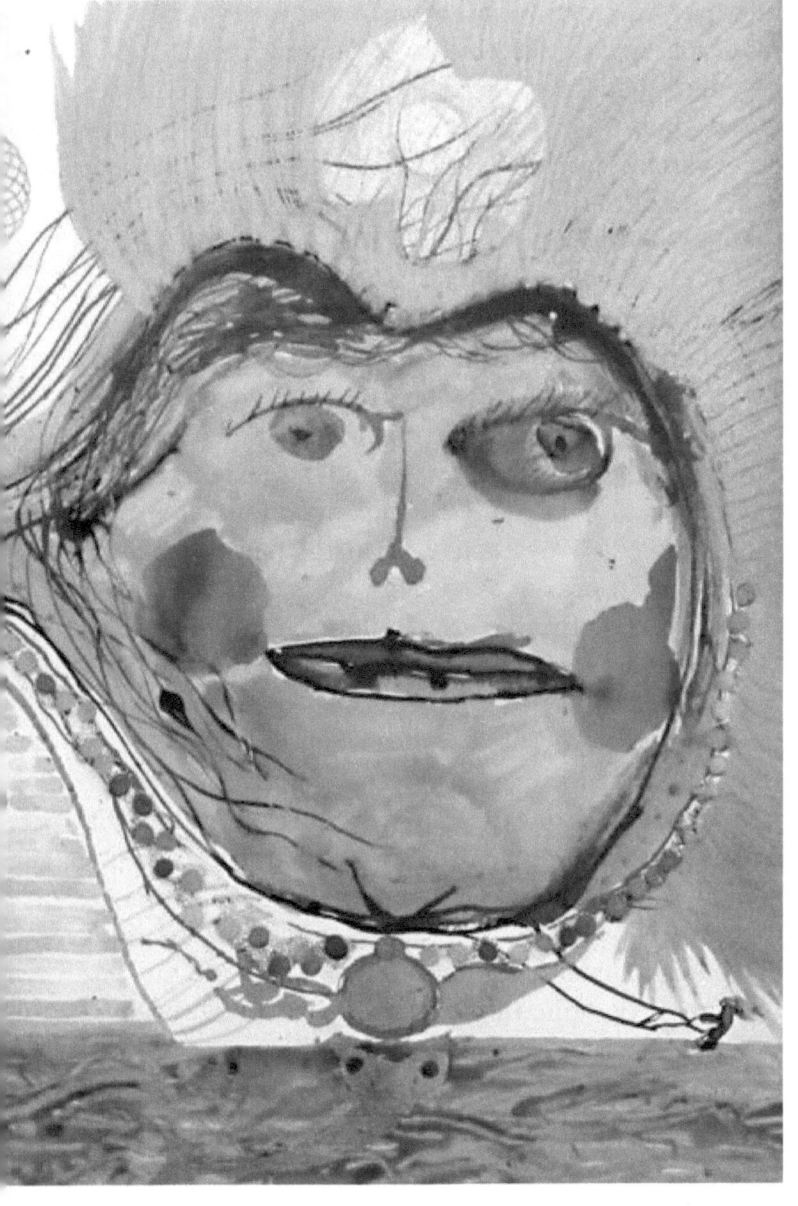

nibalismo de referencias tan afín a la operatoria postmoderna, que no termina en la riqueza intertextual o la generosidad del pastiche, desborda un mundo personal, extraordinario, una sensibilidad educada a golpe de experiencia, investigación y una entrega espiritual completa al mundo del arte. «Ese ajetreo exige riesgo, osadía y hondura... pero sobre todo libertad del dolor, que para mí es la finalidad de todas las nobles artes» añadió el artista.

Catalogado por la crítica en España —donde ha cosechado múltiples éxitos y premios— como un saltimbanqui, un trapecista de circo o un loco, por su proyección versátil y camaleónica, su tendencia a la fragmentación y a la diversidad estilística, estamos frente a un artista radical, irreverente y, al mismo tiempo, infantil y místico. En ocasiones, su obra me recuerda al perfil todoterreno de Picasso, que lo llevara a fundar tantas tendencias artísticas en la primera mitad del siglo XX, aunque en realidad nuestro artista las recicla; así como también me recuerda el espíritu aventurero de Paul Gauguin, quien se perdió en las islas para huir de los fermentados patrones sociales europeos o la indigencia de Vincent van Gogh en sus años más difíciles. En fin, yo lo describiría como el Marco Polo del arte, un creador sin frenos, descubridor de imaginarios y mundos alucinados, distantes, paranóicos.

A pesar de tanta infidelidad estética, podemos descubrir constantes que lo descubren ante nuestros ojos, tal es el caso de cierta recurrencia de motivos visuales, verdaderas obsesiones temáticas y procedimientos técnicos igual de promiscuos, como pueden ser la iconografía del pintor académico Jean-Auguste-Dominique Ingres, imágenes de *El Principito* de Antoine de

Saint-Exupery, aviones, barcos, pirámides, faros, *threesomes*, todo esto concebido no solo a partir de manchas de pintura, sino también utilizando cuentas de bisutería infantil, *stickers* de factura china, *glitter*, *femme fatales* de procedencia mitológica, los cuales combina luego con arena, caracoles o el cráneo de una iguana autóctona. Se trata, pues, de un repertorio mixto, variado. «Todo es símbolo en mi obra. ¿Qué significa realmente para mí el arte? Juego y disciplina, libertad y rebelión redobladas en una constante reinvención de mí mismo. El gitano viene de Oriente hacia el este a traer la buenaventura, es el bohemio que transita como un mago desarraigado, es viaje y alquimia» concluyó el pintor, también realizador audiovisual.

Para constatar las verdaderas condiciones de trabajo de este artista nómada habría no solo que frecuentar esta muestra excepcional, sino visitar su página web (www.arturoprins.com), una de las más imaginativas y reveladoras que he visto jamás, así como las fotos de sus estudios improvisados en una cabaña en medio de la selva o en la habitación de un hotel, lo mismo en Jamaica, Salvador de Bahía, que Punta Cana, Cozumel o el Himalaya.[62]

---

[62] Artículo publicado en «Galería 305», *El Nuevo Herald*, domingo 26 de junio de 2016, p-7.

LUIS VEGA, LOS INSTANTES DEL AGUA

Durante todo el mes de marzo podremos disfrutar aún de la muestra personal *The Instants of Water* del pintor cubano Luis Vega, acogida por The Americas Collection Fine Art Gallery de Coral Gables. Se trata de una serie paisajística conformada por 11 acrílicos sobre lienzo que tiene como protagonista el agua en sus más diversas expresiones. A estos efectos, el propio artista expresó, en sus palabras al catálogo: «siempre he visto al paisaje como una sublime puesta en escena de la naturaleza en su máximo esplendor. En esta muestra intento plasmar la dinámica de esa fuente de vida universal a través de un acercamiento que crea una imagen insólita; donde la realidad se funde con la abstracción».

En ese sentido Luis Vega, especifica, y nos describe sus cuadros de la siguiente manera: «en cada lienzo apreciamos diversas representaciones del agua: la caída al abismo de un torrente que culmina en vaporosa nube, el abrupto choque entre caudalosas corrientes, la inquietante espiral de un envolvente torbellino o los caprichosos dibujos que forman las olas de un sereno y majestuoso mar.» De modo que apreciamos su interés por destacar esa fuerza incontenible como un estado físico mutable y de excepcionales valores plásticos.

Como sabemos, el mar posee una gran fotogenia al tiempo que nos permite reparar en determinados efectos atmosféricos como la caprichosa disposición de las nubes y las condiciones climatológicas en las diferentes estaciones del año. Aunque, no todas las piezas que nos ocupan, se inspiran en el mar, hay algunas que se insertan —de inmediato— en esa larga tradición del subgénero conocido como «marina», defendido a lo largo de la historia por artífices como Jan Van Goyen, Francesco Guardi, William Turner, Claude Monet, Katsushika Hokusai, Dominique Serres, Federico Mialhe o Edouard Laplante; y pintores cubanos o extranjeros asentados en la Isla como Esteban Chartrand y Leopoldo Romañach, Luis Martínez Pedro, Esteban Machado, Alan Manuel González, y Tomás Sánchez, desde la diáspora, respectivamente.

Luis Vega (1944), quien estudiara en la Academia de San Alejandro de La Habana y se graduara de Historia del Arte en 1979, pronto desarrolló una carrera como diseñador de carteles para cine, por lo cual estuvo vinculado al Instituto Cubano de Arte e Industria Cinematográficos (ICAIC) durante la década del 70. «Después del segundo año en San Alejandro se me presentó la oportunidad de comenzar a hacer historietas y colaboré con Virgilio, quien dibujaba la tira cómica de *San Nicolás del Peladero* en la prensa de la época; así descubrí la pintura», nos cuenta el artista en diálogo con *El Nuevo Herald*.

Aunque, añade luego: «el antecedente de mi obra como paisajista ya estaba en los afiches que hice para el ICAIC. En el cartel de *Versos sencillos*, por ejemplo, donde utilicé la frente de Martí como símbolo, privilegiaba también los elementos vegetales en forma de cabellos». Vega, llega a los Estados Unidos en 1980 y cuatro años más tarde obtiene la beca de pintura de la Fundación Cintas de Nueva York, lo cual le ayudó a perfilar mejor su trabajo. Desde entonces ha participado en numerosas exhibiciones personales y colectivas, mostrando más paisajes de tipo surrealista que académicos.

Inspirado en las cataratas del Niágara y las de Iguazú, en su fuerza y belleza, se sintió motivado por captar ese instante en que el agua describe el salto, sin dejar de reflejar otras más apacibles, para congelar ese segundo y captar la esencia del movimiento. «El tema del agua es como una conclusión del paisaje que hacía antes, pues siempre estuvo ahí y no me había dado cuenta. Por eso he querido dedicarle una exposición entera y rescatar todos esos elementos para fijar esa circunstancia en el tiempo». Solo hay que contemplar piezas como *Abstracción real*, *Reflection*, *Ondas paralelas* o *Espiral*, para sumergirnos en una ilusión óptica de calidad casi fotográfica, donde una gran masa líquida busca su cauce fuera del cuadro hasta «mojarnos los pies». Es a partir de ese momento que nos cuestionamos la técnica del artista y cómo consigue semejantes efectos de realidad.

«Me gustan mucho los detalles en el cuadro, y aunque consigo darle un aspecto hiperrealista, ese no es mi objetivo, sino apenas un medio para comunicarme mejor con el espectador», confiesa nuestro entrevistado. A lo que añade: «siempre ha llamado mi atención, la capacidad de asombro del ser humano frente a estos fenómenos de la naturaleza. Por eso lo hago, para que el público se asome y se sienta dentro del cuadro».

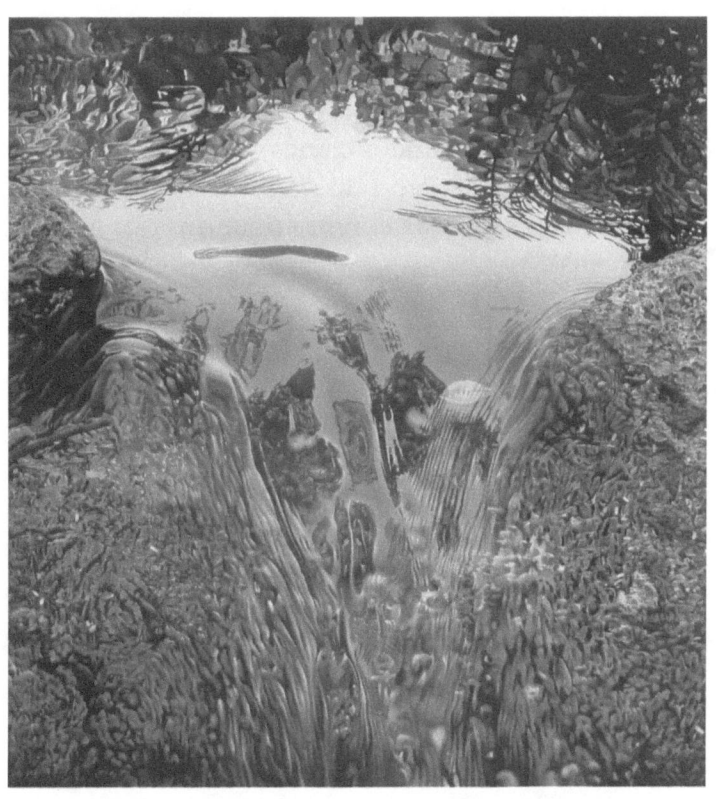

Abstracción real (s/f), acrílico sobre lienzo, Luis Vega.

Pero detrás de todo eso hay otro secreto que logramos arrancarle al maestro cuando le preguntamos sobre las posibilidades que le ofrecía la técnica del acrílico sobre lienzo, a lo que contestó: «A muchos pintores no les gusta el acrílico porque dicen que seca muy rápido, pero yo descubrí por mí mismo, ya que siempre me ha molestado el olor del óleo, que el acrílico era ideal para mí. Entonces, uso el *dry brush* para crear las veladuras o transiciones y así voy creando las distintas capas que necesito. Siempre parto de una masa de color y esta me va indicando la composición del cuadro; luego, incorporo los detalles. En ese sentido me han dicho que yo hago «paisajes construidos», muy cinematográficos, pues empiezo siempre de adelante hacia atrás, y trabajo mucho primeros, segundos planos, y planos generales», concluyó. No se pierdan esta muestra de paisajes que tiene como protagonista el agua en sus diversas formas. ¡Salpíquense![63]

---

[63] Artículo publicado en «Galería 305», *El Nuevo Herald*, domingo 19 de marzo de 2017, en portada y pp. 2-4.

Capítulo VI

EN ZIGZAG POR EL REINO DE LO ESTÉTICO

ARTE EN EL AEROPUERTO, UN JARDÍN DE OBEDIENCIA

Desde hace algún tiempo han sido emplazadas, paulatinamente, en los espacios del Aeropuerto Internacional de Miami (MIA), varias instalaciones que ya forman parte de la colección permanente de dicha institución, las cuales se corresponden con la muestra titulada *R & R Alphabet*[64] de los artistas de origen argentino y arquitectos de formación, Roberto Behar y Rosario Marquardt, quienes colaboran bajo el nombre de R & R Studios. La muestra está integrada por solo tres piezas de gran formato, dispersas en un ambiente de acceso público; de ahí que logren llamar la atención de miles de pasajeros que transitan cada día por el interior de estas terminales aéreas.

A partir de letras mayúsculas, cuyo cuerpo, textura y color vienen dados por la utilización de flores artificiales, y frases extraídas tal vez del repertorio musical

---

[64] Estas obras pueden ser admiradas de forma permanente en las terminales D y H del Aeropuerto Internacional de Miami.

de los Beatles, esta suerte de tríptico fragmentado nos tranquiliza el ánimo al mismo tiempo que nos sorprende. El mensaje que sugieren dichas obras es bien claro. No podían tener destino mejor ni más estratégico. Ya sabemos que los aeropuertos son el límite entre culturas, negociación de intereses y zonas de alta seguridad que, no obstante, dan su bienvenida al forastero, al turista, al extraño.

El propósito de estas piezas instalativas, que también tienen algo de pictóricas por su dependencia de la pared y su aspecto bidimensional, es comunicar un estado de paz y armonía, mientras promueve la convivencia intercultural desde el respeto a la diversidad y el cariño por lo diferente. La puesta en discurso de títulos como *All We Need Is love!* (2009), *Peace & Love* (2013) o *All Together Now* (2014), mensajes devenidos consignas del movimiento contracultural de los años setenta del siglo pasado, mantienen incólume su sentido universal de súplica y esperanza: «Hagamos el amor y no la guerra». Por eso resulta pertinente el uso de las flores como símbolo de reconciliación y diálogo, más allá de su lamentable estirpe *kitsch* y ancestral vinculación a cierta liturgia fúnebre.

Pero independientemente del interés puntual que pueda generar esta exposición, constituye también un fenómeno susceptible de análisis, el trabajo desarrollado durante los últimos veinte años por la Dra. Yolanda Sánchez, comisario de esta muestra, psicóloga, artista ella misma y directora de la División de Bellas Artes y Asuntos Culturales del Aeropuerto Internacional de Miami, quien ha estado también vinculada a los distintos proyectos del Miami-Dade Art in Public Places (APP).

Ambas instituciones culturales han sido gratificadas con el primer lugar en la Competencia de Iniciativas de

Servicio al Cliente organizada por el Consejo Internacional de Aeropuertos de Norteamérica en 1999 y un reconocimiento nacional durante el encuentro *Americans for the Arts Conference* celebrada en San Antonio en 2012, respectivamente; bajo el criterio de «haber patrocinado algunas de las muestras más excitantes e innovadoras de arte público en América». De modo que el hecho de convertir el aeropuerto en galería o museo para hacer el entorno más agradable a los usuarios ha sido una estrategia feliz.

El mayor mérito de iniciativas como esta radica en poner a disposición de la comunidad «internacional» circulante, un ambiente humanizado, un poco más cálido, lejos de la absorbente pantalla de los teléfonos celulares y la premura de los negocios. Del mismo modo, se convierte en una forma de entretenimiento de alto valor educativo y cultural con un fin terapéutico, si se quiere, que predispone a los sujetos en medio del estrés cotidiano a tener comportamientos más amables y civilizados. Asistimos entonces a una muestra de nobles propósitos sociales que juega con la tipografía y el brillo multicolor de las flores para expandir un discurso sobre la política de la esperanza. Así «las flores se convierten en palabras y las palabras en música para dar la sensación colectiva de que vendrán tiempos mejores».[65]

---

[65] Artículo publicado en «Galería 305», *El Nuevo Herald*, domingo 23 de agosto de 2015, p-6.

JOSÉ PARLÁ, DOMADOR DE PALIMPSESTOS

El pasado 12 de septiembre quedó inaugurada en la Bryce Wolkowitz Gallery de Nueva York, por tercera vez en este mismo espacio, en colaboración y simultáneamente con la Mary Boone Gallery de Chelsea, otra muestra personal del exitoso pintor —natural de Miami, hace tiempo radicado en Brooklyn— José Parlá (1973). Su producción artística de los últimos treinta años ha experimentado una constante evolución de formas, soportes y técnicas que abarca desde la pintura y la fotografía hasta cerámica, instalaciones y ciertas zonas del video. No obstante, ha logrado conquistar un estilo fascinante y único, más allá de los múltiples referentes que rondan su obra. La exhibición de marras, titulada *Surface Body/Action Space,* incluye varios cuadros y algunas piezas escultóricas, con los cuales pretende revisitar el neo-expresionismo y el arte abstracto, justo las claves que atraviesan su poética.

Parlá, considerado uno de los pintores más innovadores de su generación, es de esos artistas inteligentes que edifican su obra con el sudor de un buen concepto. En esta oportunidad ha concebido piezas mediante las cuales examina la historia de la pintura del siglo veinte y el impacto que esta ha tenido en la dualidad de su herencia cubano-americana. De ahí que guiños a la obra de artistas tan diversos —en cuanto a estéticas y nacionalidades— como Wifredo Lam, Clifford Still, Cy Twombly, Mimmo Rotella, Burhan Dogançay y Antoni Tàpies, además de generar mayor expectativa y hacer de la muestra un rapto de honestidad, en tanto reconoce la influencia de cada uno de estos maestros; resulta, al mismo tiempo, una manera de aliviar las tensiones culturales e identitarias presentes en su quehacer cotidiano.

Parlá emprendió su carrera a inicios de 1980, exhibiendo sus obras en las calles de Miami. Estudió en Miami Dade Community College, New Worlds School of the Arts y en Savannah College of Art & Design. Semejante formación más su talento y habilidad igual de rigurosos le han llevado a exponer en todo el mundo, mientras sus obras son atesoradas por galerías, museos y coleccionistas privados en Nueva York, Londres y Japón. En 2012 participó en la XI Bienal de La Habana con un proyecto colaborativo junto al artista francés JR, titulado *Wrinkles of the City*, en el cual intervenían paredes de la vieja ciudad, permitiéndole así hurgar en sus raíces. Dicho trabajo se completó a lo largo de un año y en 2013, el resultado fue expuesto en la propia Bryce Wolkowitz Gallery. Por si no bastara ambos hicieron un documental con el mismo nombre que les valió el *Grand Prize for Documentary Short and Best U.S. Premiere Documentary Short* ese mismo año en el Heartland Film Festival de Indianapolis.

Inspirado en la espontaneidad agresiva del arte callejero y el expresionismo abstracto, tal vez, con la impronta de Jackson Pollock, el universo de Parlá cobra

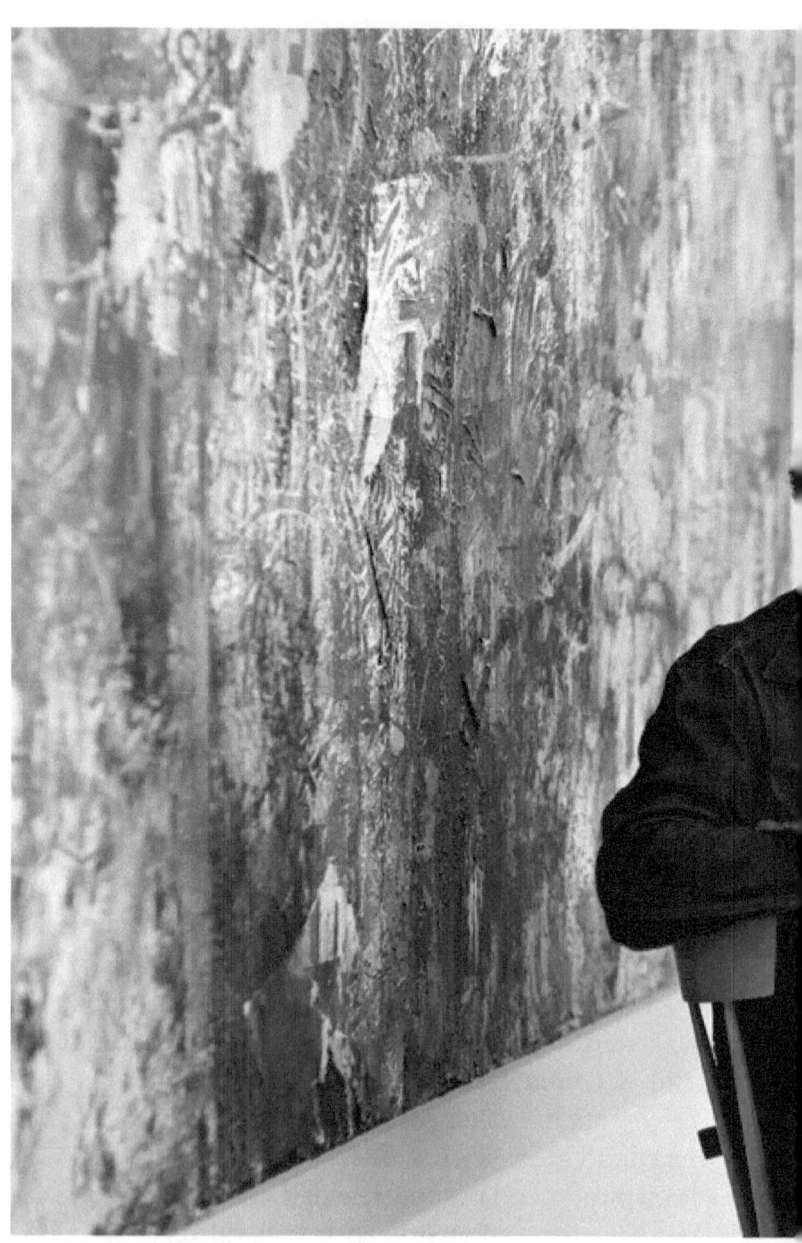

José Parlá en su estudio de Nueva York.

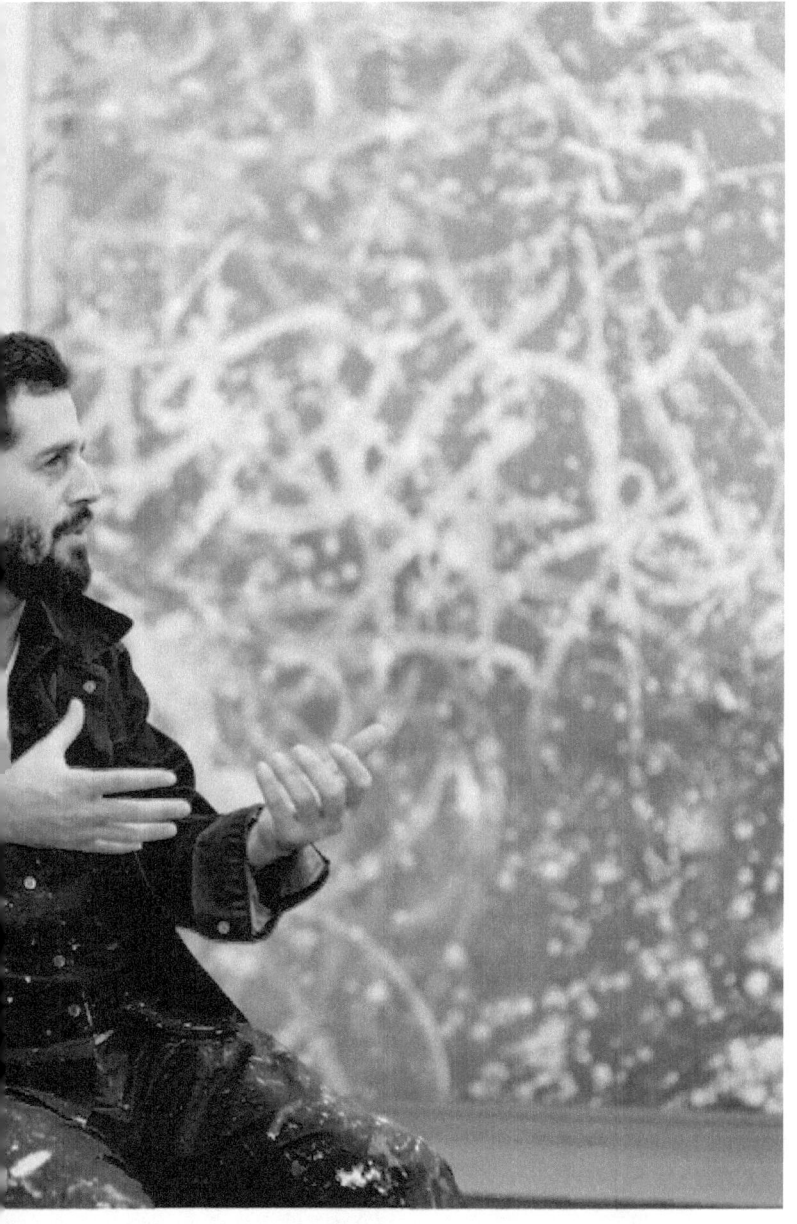

sentido como abismo frenético. La escala monumental de sus obras, la gestualidad del dibujo y una caligrafía a medio camino entre el *graffiti* y los pictogramas del alfabeto oriental, conforman una suerte de palimpsesto, debido a la insinuante yuxtaposición de líneas, colores, imágenes y texturas, que semejan bosques, alambradas o paisajes indescifrables. «El abstraccionismo —ha señalado en una ocasión el artista— no tiene límites y es una excelente herramienta para interpretar la condición humana». En resumen, Parlá se vale de esas acumulaciones de imágenes para evocar la historia de los ambientes urbanos y recrear fragmentos de una realidad caótica. Ese es su modo de entender la metrópolis, como una sinfonía de diversidad y vértigo constantes. Encuentra allí el camino para registrar el paso inclemente del tiempo en el momento mismo que concibe la obra; cuyo aspecto recuerda —a veces— la técnica del *décollage*, entendido como la promiscuidad visual de imágenes que han sido arrancadas, despegadas y reemplazadas por otras.[66]

---

[66] Artículo publicado en «Galería 305», *El Nuevo Herald*, domingo 13 de septiembre de 2015, en portada y p-6.

EFRÉN ISAZA, ZONAS DE *GLAMOUR*

Parmigiani Gallery inauguró recientemente la muestra titulada *First Oeuvre* del artista visual colombiano Efrén Isaza, la cual fuera organizada, meticulosamente, por M+V ART. Dicha exhibición, conformada por una veintena de piezas de diversos formatos y realizadas entre 2009 y 2010, es un regalo para los ojos, una oportunidad de lujo. El establecimiento de las oficinas de Parmigiani Fleurier en América a inicios de este año en el Distrito de Arte de Wynwood ha sido una coyuntura ideal, que pone en marcha el diálogo entre semejantes. Es decir, una de las más prestigiosas marcas de relojería suiza y la obra fotográfica de un experto en moda. Dos universos afines e igual de rutilantes.

Isaza, natural del municipio antioqueño de Argelia, radicado actualmente en Bogotá, descubrió su inclinación por el arte desde los ocho años. Entonces, jugaba entre óleos, algo que descubrió de forma autodidacta, pero en la adolescencia comenzó a hacer fotografías con la cámara de su hermano. Luego, estudió Ingeniería Industrial en Medellín, pero decidió explorar el mundo que realmente le interesaba, por lo que se graduó de Diseño Gráfico y Moda. Durante un par de años recibió clases privadas con el fotógrafo Alberto Montoya y después de completar su formación en Holanda, regresa a su país de origen.

Ya en Colombia comenzó a trabajar en diferentes publicaciones, revistas importantes como *Cromos, Semana, Aló, Fucsia, Caras, Stétika, Novias y bodas* e *Infashion*. «En un principio me costó mucho hacer fotos para las revistas porque tenían sus directrices muy definidas y a mí siempre me ha gustado ser libre para crear», declaró Isaza hace algunos años en entrevista para *El Espectador*. De esa misma inquietud se ha nutrido su obra constantemente. Interesado por la hibridez genérica de expresiones artísticas concibe obras que parten de la fotografía para ser luego contaminadas por la pintura, en una dimensión donde se mezclan todas sus obsesiones creativas y conceptuales.

Inspirado generalmente por la figura femenina, escoge modelos bien delgadas, poco conocidas, con rasgos *sui géneris*, que le permitan mostrar un costado diferente de la belleza. Después de tomar las fotos en largas sesiones de trabajo, manipula digitalmente las proporciones de los cuerpos y modifica los escenarios como si no bastara con el poder evocador de la fotografía. De ahí que se construye un imaginario propio, interviniendo las telas con bocetos, dibujos, manchas, escritos, concebidos mediante el uso de lápiz, tiza o grafito, y otros materiales no convencionales. Por momentos, esta obra parece coquetear con el mundo *fashion* al mismo tiempo que lo subvierte y lo desacraliza. ¿Por cuánto el rostro impecable de una modelo cualquiera en la portada de *Vogue* compartiría el espacio con una mancha o un descuido

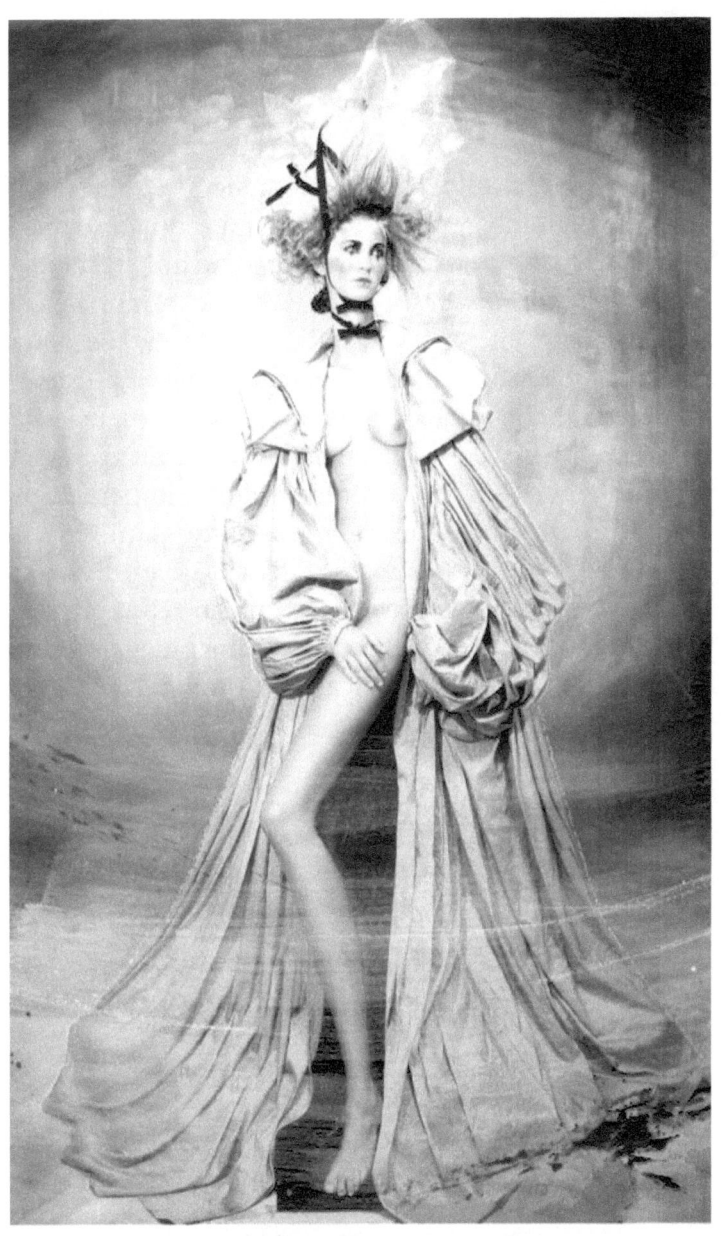

JYves con abrigo II, (2009-2010), Efrén Isaza.

editorial? El desaliño en las figuras de Isaza, así como la exageración de las poses y los escorzos parece banalizar el ámbito estricto de la moda que impone tendencias y cánones.

Sin embargo, este artista que prefiere seguir trabajando en Colombia, pues considera que en Latinoamérica hay mucho por hacer todavía —de ahí su interés por los escenarios autóctonos, más costumbristas y pintorescos— «Le gusta decidir en cada detalle de la producción, desde la modelo, el maquillaje, el peinado, los accesorios, la locación hasta lo que más le concierne como la luz, la pose y los encuadres», según comenta Liliana López Sorzano. En medio de tanto perfeccionismo, brotan obras alucinadas, raptos de glamour con toques sensuales y hasta surrealistas. La estilización cobra allí un estado especial, de mucho refinamiento. Isaza parte de lo clásico para rozar lo popular, con una breve nota —quizás paródica— pero que no extravía jamás la elegancia, en todo caso la crea. [67]

---

[67] Artículo publicado en «Galería 305», *El Nuevo Herald*, domingo 11 de octubre de 2015, p-6.

ALMAS GEMELAS: LA COMPLICIDAD DEL ARTE

Hasta el 6 de enero de 2016 podrá ser vista en la Gallery Latin Art Core de Miami —como uno de esos eventos cósmicos que se repiten cada 100 años— la muestra bipersonal *Caminos paralelos. Obras recientes de dos pintores concretos cubanos: Salvador Corratgé y José Rosabal*. Semejante título, tan apropiado como extenso, esboza un estudio de naturaleza casi ensayística sobre un fenómeno peculiar y sintomático. Al parecer la coincidencia estética en la obra de ambos artistas fue lo que animó al comisario e investigador Rafael Diaz-Casas, quien radica actualmente en la ciudad de Nueva York, a organizar esta exhibición de arte abstracto.

Advertir el notable parentesco entre ambas producciones simbólicas no constituye el verdadero reto, sino hallar sus diferencias, pues dichos creadores integraron un efímero grupo de arte abstracto en Cuba, conocido con el nombre de 10 Pintores Concretos (1958-1961), que estuvo formado además por otras entrañables figuras como Luis Martínez Pedro, Sandú Darié, José Mijares, Loló Soldevilla, Pedro Álvarez, Alberto Menocal,

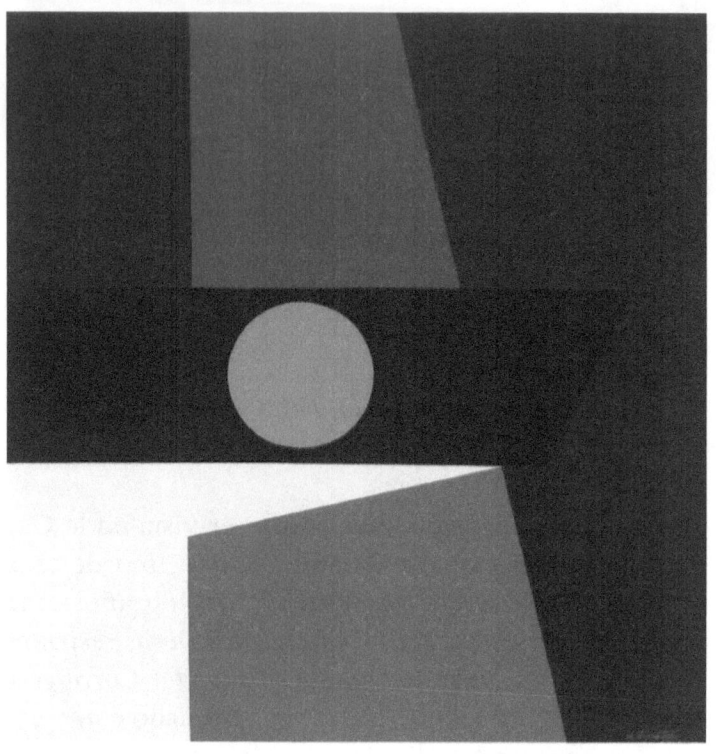

Sin título III (2012), acrílico sobre lienzo, Salvador Corratgé.

Rafael Soriano y Pedro de Oraá; en su mayoría desaparecidos físicamente, incluido Corratgé (1928 - 2014), no así Rosabal y de Oraá.

De ese mismo hecho, poco feliz y eminentemente simbólico, la vida y la muerte, que separa a estos dos pintores, emergen las primeras desemejanzas, quizás las únicas. La obra de Corratgé, por ejemplo, tiende al formato cuadrado y las composiciones monocromáticas, mientras que Rosabal apuesta por la diversidad de colores y prefiere trabajar con una estructura vertical. No deja de ser interesante la analogía teniendo en cuenta los contrastes mencionados. Aunque, según expresa Diaz-Casas, «esta es la primera oportunidad en 52 años que tienen estos dos amigos de presentar juntos su más reciente creación». La misión ha sido entonces concertar una reunión fraterna, aunque medio póstuma.

No obstante, es necesario señalar que, coyunturas puntuales como el Triunfo de la Revolución Cubana en 1959, hicieron en alguna medida que estos colegas tomaran caminos distintos, aunque en realidad, el abstraccionismo de finales de los años 50 no sufrió una censura frontal por parte del sistema (el arte no figu-

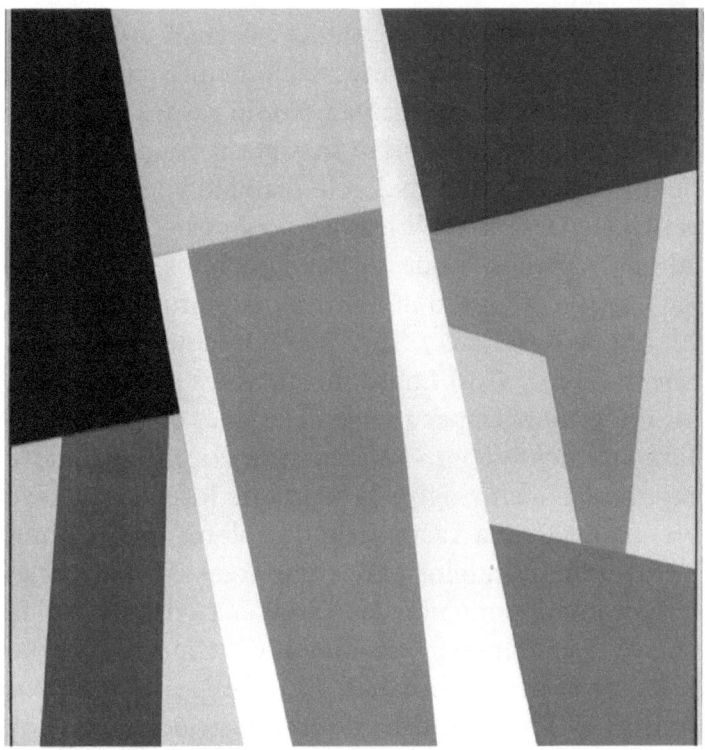

Sin título (Composición de 9 colores) I, (2013), acrílico sobre lienzo, José Rosabal.

rativo siempre ha tenido esa coartada); pero sí les era exigido a estos pintores un mayor compromiso con el discurso socialista más allá de su universo geométrico. Varios años después de la disolución del grupo, Corratgé viajó por Asia y Europa, y Rosabal emigraba a los Estados Unidos. Después de décadas enteras sin comunicación aparente llama la atención el modo en que lograron mantenerse apegados a una misma «postura dentro de la abstracción». Hecho curioso que destierra las posibles influencias y contagios como no fueran los de hace más de medio siglo cuando se conocieron en La Habana.

Casi una veintena de piezas adornan las paredes de la galería cual una conversación entre amigos que tienen mucho de qué hablar. Como rasgos de estilos comunes apreciamos su gran síntesis lingüística, visiones atrevidas que eluden la realidad y los símbolos para refugiarse en las líneas y los colores —fundamentalmente planos— que son ya concretos por sí mismos, según el legado de De Stijl, la pintura futurista, la obra de Kandinsky, Theo Van Doesburg, Max Bill, Naum Gabo y Paul Lohse, precursores del concretismo en Europa. La peculiaridad de estas obras, sin embargo, radica —como ha explicado el comisario de la exposición— en «seguir la teoría de Joseph Albers, o sea, manejar una vasta serie de colores que se complementan, usándolos para crear áreas de conexiones visuales, componiendo las obras a partir del color, mientras yuxtaponen visualmente composiciones balanceadas y desbalanceadas. (…) El objetivo de ambos artistas es crear pinturas de composición sólida, con el uso de una variada combinación de colores.» Así, este evento lleno de casualidades, marcado por el destino, nos muestra un juego de espejos, biografías no tan simétricas, pero pinturas muy semejantes que sellan un pacto de amistad y fidelidad hacia el arte. Dos pintores como almas gemelas, que unen sus esfuerzos para hablar del pasado.[68]

---

[68] Artículo publicado en «Galería 305», *El Nuevo Herald*, domingo 15 de noviembre de 2015, p-5.

LOS CAPRICHOS NOCTURNOS DE KEN NINTZEL

Desde octubre de 2015 fue emplazada en la Terminal J del Aeropuerto Internacional de Miami (MIA), una pieza instalativa de carácter escultórico que ha llamado la atención de cuantos circulan diariamente por dicha institución. Con su inquietante título *You Are Here*[69], el artista estadounidense Ken Nintzel (New Jersey, 1968), nos ha tendido una trampa visual, engaño agradable, pura fábula. La obra consiste en una recreación tridimensional de las constelaciones (preocupación y desvelo de los seres humanos desde épocas remotas en su lucha por desentrañar el espacio ultraceleste), visto ahora a través de la sensibilidad del arte.

Darle cuerpo a lo desconocido supone una imaginación muy fértil, aunque el artista, intrigado por el misterio del cosmos, tuvo que desandar muchos referentes antes de crear su propio *Stellarium*. Las constelaciones según la astronomía básica no es más que una agrupa-

---

[69] La pieza instalativa de Ken Nintzel, *You Are Here*, pudo ser apreciada durante el mes de abril en el Aeropuerto Internacional de Miami, Terminal J Gallery, Level Four, Mezzanine.

ción convencional de estrellas, cuya posición en el cielo nocturno es aparentemente invariable. Ya sabemos que las distintas civilizaciones las han identificado mediante trazos imaginarios, que forman siluetas, aunque abundan las versiones. Este fenómeno lo explica muy bien Salvador Dalí desde su pintura surrealista a través de lo que se conoce como «la imagen paranoica»; ese estado mental alucinante que nos hace imaginar o darle sentido a eventos que no existen o al menos no en la forma que pensamos.

De modo que estamos frente a un universo reescrito y bastante estilizado que opaca —y este es un atrevimiento que pagaré muy caro— al delirante y maravilloso cuadro de Van Gogh, *Noche estrellada* (1889), pues aquí la puesta en espacio es soberbia, aplastante, en tanto materializa nuestras fantasías —alimentadas por la astronomía y la ciencia ficción—, y al mismo tiempo las supera, puesto que va en otro camino. Nintzel ha logrado la metamorfosis estelar y su consiguiente apariencia figurativa a través de formas humanas y animales que tienen sus raíces en la mitología grecolatina y las creencias más antiguas; de ahí que cada escultura —hecha de materiales tan diversos como madera, alambre, plástico, tela así como pelucas, ojos de vidrio y pieles sintéticas— tengan nombres tan exóticos como *Andromeda, Auriga, Bootes, Cannes Benatici, Caisopiea, Coma Berenices, Corona Borealis, Draco, Hercules, Leo Major, Leo Minor, Libra, Lynx, Ursa Major* y *Virgo*.

Puede que semejante repertorio sitúe al artista entre Ptolomeo y las analogías del Zodíaco, pero ciertamente hay que aplaudir su iniciativa. Lo que a unos se le pudiera antojar como una estampida de peluches y maniquíes sobre sus cabezas a otros les resulta una idea

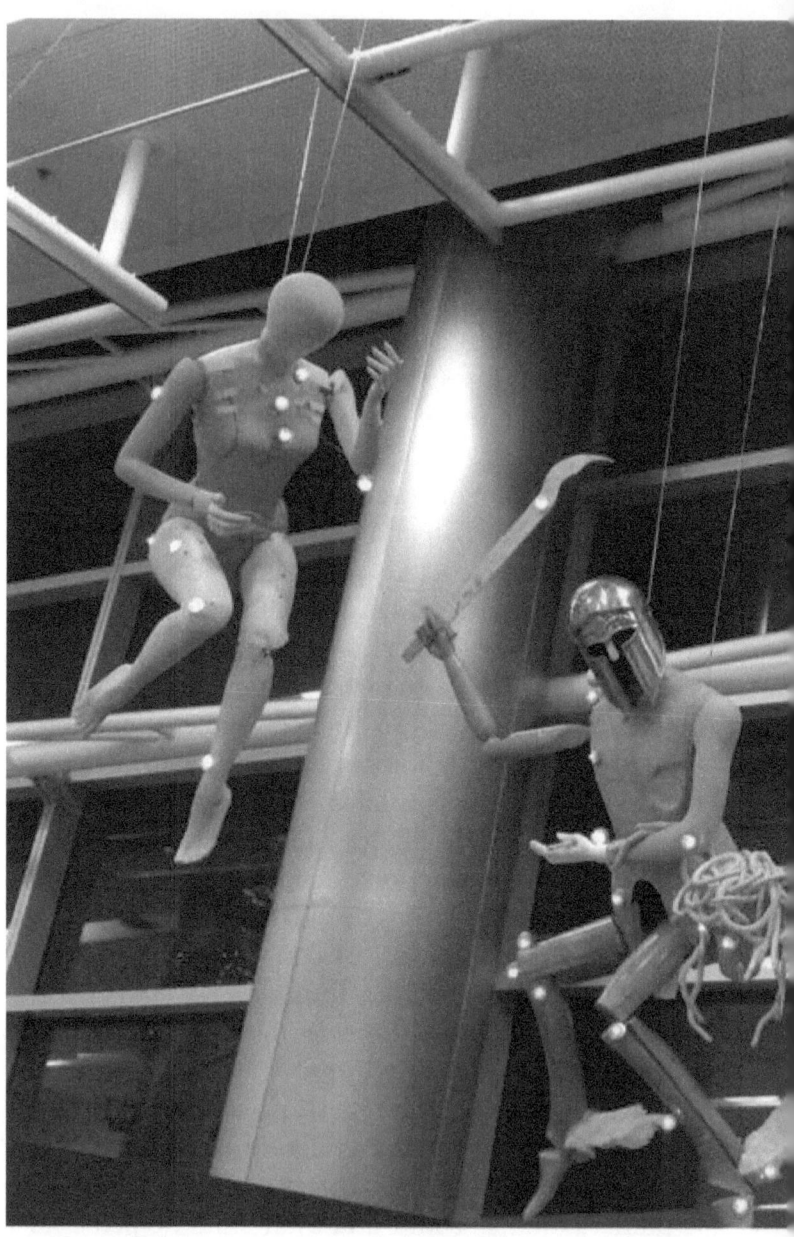

You Are Here, instalación (Detalle), 2015, técnica mixta, Ken Nintzel.

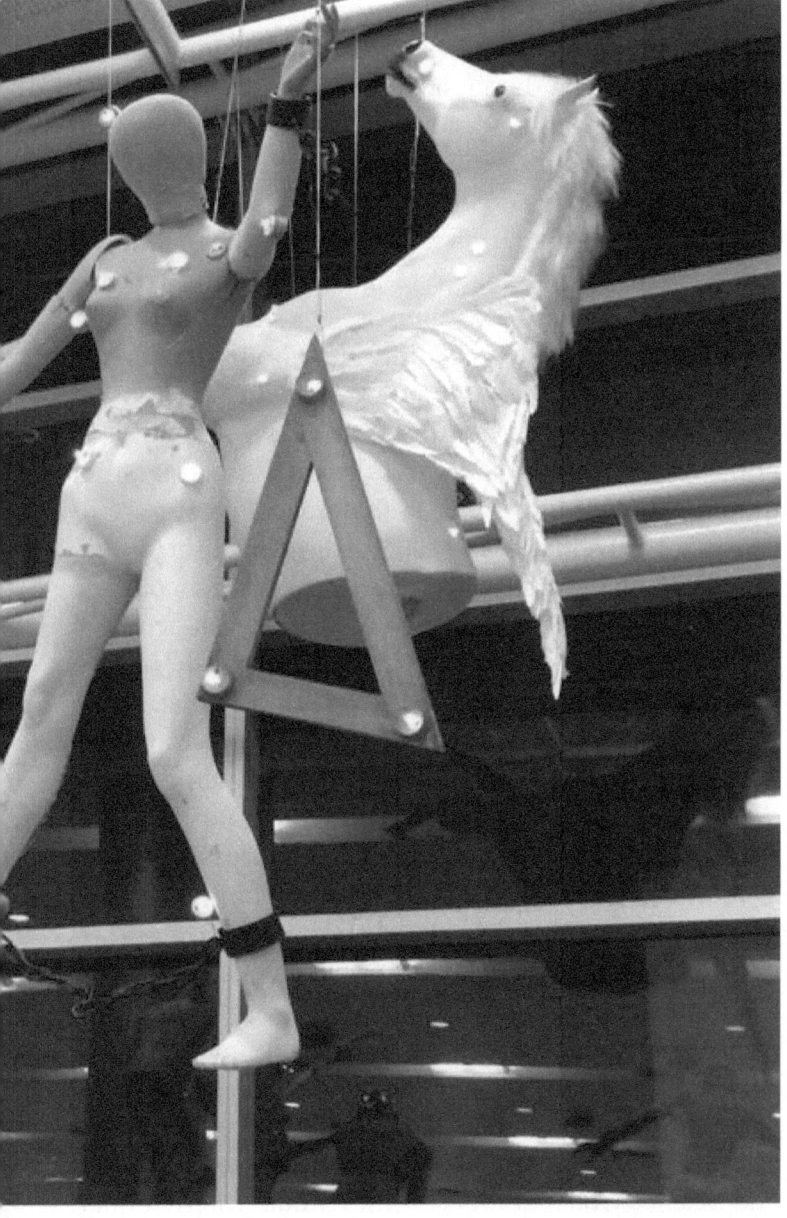

mágica, llena de alusiones históricas, el recorrido de la superstición humana en perspectiva, casi el punto final —aunque no deja de ser subjetivo— a tanta especulación científica densa e improbable. Las constelaciones son así, ¿por qué no?, aunque parezca un capricho. Yo prefiero quedarme con esta propuesta, la más cercana que tuve hasta ahora, tal vez la más ingeniosa.

Cuando observamos este grupo escultórico integrado por leones, osos, perros, serpientes, héroes y heroínas iluminados por diminutas bombillas en la oscuridad del aeropuerto durante la noche, tenemos la sensación de estar mirando las estrellas y uniendo los puntos, esta vez con la certeza de una forma bien definida, sin tener que poner la imaginación a volar tan lejos. Ya Nintzel ha hecho ese trabajo por nosotros, en un alarde que también persigue un fin didáctico, más allá de la excelencia técnica y su esmero estético. No perdamos de vista que la misión principal de la División de Bellas Artes y Asuntos Culturales de MIA es humanizar y enriquecer el entorno del aeropuerto a través de la comisión de obras de arte público, mediante recursos de la cultura y el medio ambiente. Esa responsabilidad descansa sobre los hombros de la Dra. Yolanda Sánchez, directora de ese departamento, cuya gestión y sensibilidad le ayudan siempre a encontrar los proyectos más finos, de mejor gusto, que convienen a la atmósfera del lugar.

Ken Nintzel es un artista multidisciplinar que trabaja distintos medios, incluyendo teatro, instalación, performance, escultura, fotografía y video. En 2013, *You Are Here* fue presentada en *The Cosmos* for the Art and Science Collaborations» 15th Annual International Art Science Exhibition in the New York Hall of Science. «Inspirado por mi primer vistazo a un atlas celeste y sus ilustraciones detalladas de las constelaciones en forma corporal —una colección de animales salvajes y domésticos, reptiles, insectos, criaturas del mar, aves en vuelo, objetos simbólicos y bestias mitológicas— sentí la necesidad de estar rodeado de su presencia física», dijo Nintzel, quien nos ha regalado un pasaje para el disfrute de nuestra ingenuidad, mientras nos coloca en el centro del universo, aunque este sea de fantasía.[70]

---

[70] Artículo publicado en «Galería 305», *El Nuevo Herald*, domingo 31 de enero de 2016, p-6.

GERMÁN BOTERO:
EXCAVACIONES DE UN MILAGRO

Desde el pasado 15 de abril quedó oficialmente inaugurada en Durban Segnini Gallery, la exhibición personal *Germán Botero: Geometer & Archaeologist,* comisariada por la especialista Adriana Herrera. La muestra, integrada por doce piezas, entre esculturas e instalaciones, constituye una gran oportunidad para apreciar algunos de sus trabajos más recientes; los cuales mantienen una evidente conexión con su repertorio habitual. Botero, de origen colombiano, curiosamente no ha podido distanciarse —en más de cuatro décadas— de su formación como arquitecto. De ahí que tal influencia atraviese su obra, manifestándose en distintas etapas, en las que siempre está presente la obsesión constructiva.

Motivado tanto por objetos artesanales y materiales de origen industrial, los avances tecnológicos y otros símbolos de la modernidad, así como los preceptos arquitectónicos de Mies van der Rohe: «la importancia de la estructura sobre el ornamento, y el énfasis en el espacio abierto», produce una suerte de escultura arquitectónica o paisajística, en cuyos primeros momentos predomina la figura del cubo, el vacío de la retícula multiplicada en distribuciones metálicas, que buscan alcanzar el cielo. Pero dichas creaciones de apariencia instalativa provienen —al mismo tiempo— del abstraccionismo geométrico y la experiencia del arte neo-concreto, pasando por la frialdad de las obras seriadas minimalistas, en cuya síntesis expresa un mundo nostálgico, que hurga en la tradición, en las formas del pasado.

Como bien indica Herrera, en las palabras del catálogo: «su viaje incesante como explorador del lenguaje de formas lo ha llevado más y más atrás en el tiempo. A partir de la modernidad urbana y su sueño de arquitecturas modulares que celebran el progreso, se trasladó a investigar expresiones pre-industriales, y luego profundizó en las raíces de la arquitectura prehispánica, y aún más atrás, en las primeras construcciones prehistóricas». De modo que su obra contiene altos grados de búsqueda, asociaciones y referencias culturales, pues se apropia de imágenes o configuraciones existentes, las cuales recrea con un acento más contemporáneo, al tiempo que nos demuestra su interés por el valor de la historia y de la cultura mítica y ancestral de nuestro continente.

A estos efectos, la galería ostenta una acertada distribución de las piezas organizadas por temática y según los materiales como criterio unificador dentro de la diversidad. Obras como *Patio de los Vientos* (2012), *Torre* y *Palma*, ambas de 2013, *Serpiente* (2014), *Parrillas* (2015) y *Corazón Dorado* (2016), son ensambles de aluminio anodizado, que semejan un minucioso juego

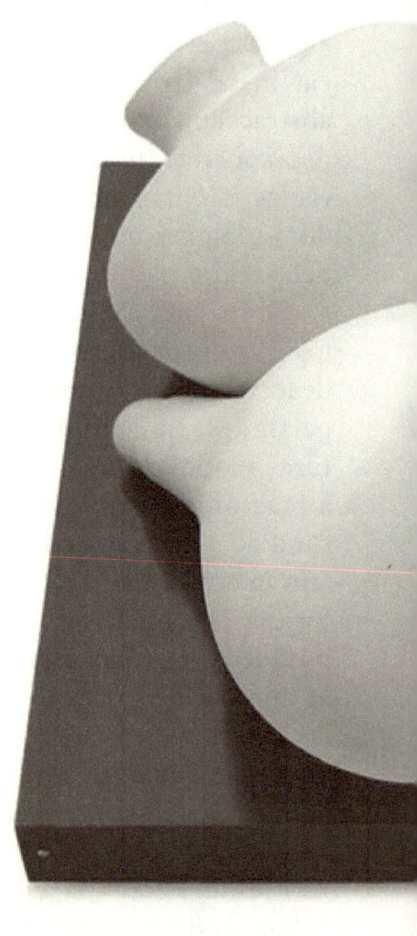

Trompos (1986-2015), instalación en cerámica, dimensiones variables, Germán Botero.

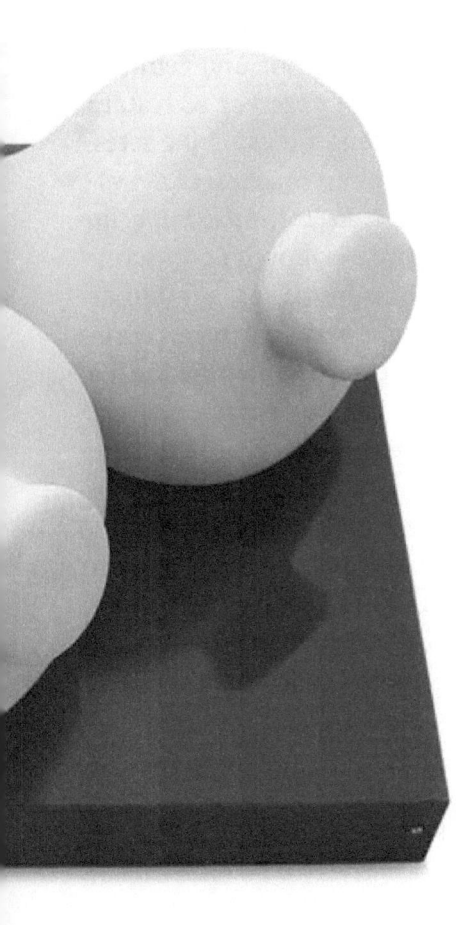

de armar —al estilo de *Lego*— lo cual le imprime un sentido lúdico más allá de la ambivalencia de las formas y el esmerado engranaje, que parece más trabajo de una fábrica, que obra del ser humano. Algo similar sucede con una de las piezas más atractivas de la muestra, *Trompos* (1986-2015), compuesta por una veintena de trompos de cerámica gigantes, como si se tratara de un nido de avestruz, pero lleno de estos juguetes. Mientras que los otros ejemplares en madera: *Observatorio (2007), Terrazas Taironas (2007), Tumba Indígena (2009),* y *Coro* (2012), esta última elaborada con semillas de palma semejando cabezas humanas, a modo de los Tzompantlis de la civilización maya o azteca, representan esa conexión profunda con los antepasados. La obra de este artista es una de las más representativas de Colombia en el mundo entero, una lástima que no hubiese espacio en la galería para colocar sus trabajos de orientación ecológica o sus piezas monumentales, pero esta exhibición nos facilita prácticamente hacer todo un recorrido por «la historia cultural de formas y construcciones, así como una dimensión material y eco-sistémica de nuestra presencia en la tierra».[71]

---

[71] Artículo publicado en «Galería 305», *El Nuevo Herald*, domingo 15 de mayo de 2016, p-6.

CIERTAS SOMBRAS FEMENINAS

En los últimos meses fueron inauguradas dos sendas exposiciones de mujeres artistas en las instalaciones del Pérez Art Museum Miami (PAMM), cuyo quehacer durante varias décadas les ha dado reconocimiento y fama internacional. Se trata apenas de una coincidencia en el espacio, que me facilitará discernir ahora el alcance de ambas carreras artísticas.

Llamaré la atención, en primer lugar, sobre la muestra *How I Caught a Swallow in Midair?* de la artista local Michele Oka Doner (Miami Beach, 1945), cuya obra se extiende ya por más de medio siglo. La exhibición es una gran miscelánea, un retrato íntimo de los momentos más representativos de su producción, a partir de piezas clave. Podemos encontrar en sala, esculturas, grabados, dibujos y cerámicas, dispuestos como una escenografía de lujo —pues esta es otra de las muchas competencias de Oka Doner, una artista y diseñadora multifacética— las cuales simulan figuras humanas, siempre conectadas con la naturaleza de forma orgánica.

Formada en la Universidad de Michigan, y radicada en Nueva York, con obra diseminada por el mundo entero y en importantes colecciones como las del Metropolitan Museum of Art; el Whitney Museum of American Art; el Art Institute of Chicago; el Musée des Arts Décoratifs del Louvre, entre muchos otros; la artista se ha inspirado siempre en la flora local de Florida, su lugar de origen. De ahí que en esta exposición además de obras sobre papel, cuadros y esculturas, haya una presencia considerable de ramas de árboles, hojas secas, piedras, huesos, corales marinos esculpidos en bronce, como si se tratara de una gigantesca naturaleza muerta, donde predomina el gris, como signo del paso del tiempo o resultado de la acción del salitre.

Cuando confrontamos las piezas en su conjunto parece que nos adentramos en un ecosistema privado, donde Oka Doner confisca la vida de personajes decapitados o sin brazos, de aspecto vegetal o marino, que vagan en un limbo misterioso, cercano a la visualidad de un barco fantasma hundido en lo profundo del océano. La artista es conocida por la creación de numerosas instalaciones de arte público en los Estados Unidos, entre las cuales figura *A Walk on the Beach* en el Aeropuerto Internacional de Miami, una de las mayores obras de arte público en el mundo.

Mientras que por otro lado, tenemos la muestra personal de la artista colombiana Doris Salcedo, ganadora del premio que otorgara por primera vez el Nascher Sculpture Center, una poderosa razón para que esta exhibición sea quizás la más importante de su carrera. Motivada por otros conceptos y operatorias materiales y técnicas dentro del universo de la escultura y la instalación, la artista ha defendido siempre obras de contenido social con matices de denuncia. Durante tres décadas ha trabajado alrededor de ciertos traumas generados por los juegos de la política desde una mirada crítica e indaga en las marcas que ese discurso deja en el imaginario.

Tras su premiación en 2015, Jeremy Strick, director del Nasher Sculpture Center, afirmó: «A lo largo de los últimos treinta años, por medio del uso de objetos cotidianos, a menudo en sitios inesperados y espacios públicos socialmente emotivos tanto en su natal Colombia como en otras partes del mundo, Doris Salcedo ha creado un cúmulo de obras que es a la vez estéticamente impactante y con alta relevancia política. Con su obra, sutil y profundamente evocadora a la vez, nos lanza un desafío valeroso a considerar de manera más profunda las conexiones entre lugar, historia y objetos que cargan con el peso de nuestras memorias colectivas, insinuando líneas de pensamiento que atan el acto de crear objetos con un potente activismo social».

Su trabajo siempre se ha caracterizado por establecer conexiones aisladas entre arte y política; un camino difícil y espinoso, del cual ha logrado salir vencedora con una obra consistente y bastante comprometida. He aquí dos artistas mujeres, con exposiciones antológicas que celebran sus tantos años de trabajo. No teman a esas sombras femeninas, ellas solo nos traen buen arte. Podemos descubrir allí nuevos paisajes, otras fuerzas enriquecedoras más allá del dolor y la caricia estética.[72]

---

[72] Artículo publicado en «Galería 305», *El Nuevo Herald*, domingo 22 de mayo de 2016, p-9.

ÍNDICE

Letra y signo en Rubens Riol   9
El entierro de las consignas
o las barbas de la ballena   14
La crítica de arte
como ejercicio de conversación   19
Escorzo frente a una valla anunciadora   25

Capítulo I
Cuerpos de guardia:
Ciertos discursos del deseo   31

    Un Quijote desnudo en la memoria   33
    El hueco que dejan las palabras   38
    Cuando un grito de auxilio es solicitud de placer   43
    Eikoh Hosoe, el rostro incierto del verdugo   47
    Romances sobre papel   51
    Osiris Cisneros: prisioneras de la noche   54

Capítulo II
El turbio manto de la ideología:
Del costumbrismo a la paranoia   59

    Como un eco echado a la sombra   61
    Simplemente hay que dejarse penetrar
    o la extraña fotogenia del Pez-erizo   68
    Javier Castro o diario de un cazador furtivo   74
    El entierro de las consignas   77

Una sombra muy roja:	
tres artistas y la experiencia socialista	82
Refugios del silencio	88
Gory, el color de la distancia	92
Karlos Pérez, árbitro del tiempo	98
Los dobleces de la historia:	
Geandy Pavón y José Manuel Mesías	101
Los paisajes genitales de Tomás Esson	
y otras provocaciones	106
Francisco Masó:	
el indiscreto uniforme de la vigilancia	114

CAPÍTULO III
LA CRÍTICA DE ARTE Y LOS ARTISTAS:
UNA RELACIÓN VIGOROSA — 121

La crítica precoz o el estreno de otras voces	123
Elvia Rosa Castro,	
una voz demasiado fucsia	126
Píter Ortega o la crítica de arte como espejo	129
Artistas de La Habana en Miami:	
la nueva suerte del arte cubano	133
La fiebre del arte en Miami	141
Un paseo en góndola	148

CAPÍTULO IV
LUCES Y SOMBRAS
DE UNA ZONA LLAMADA *MAINSTREAM* — 153

Hans Hofmann o el imperio del color	155
Danny Lyon, el peso del recuerdo	158
Andy Warhol, una moda permanente	163
Ana Mendieta o los vestigios del dolor	169
Chuck Close, más cerca que nunca	174

CAPÍTULO V
ESTAMPAS VERDEAZULES:
UN GÉNERO QUE NO SE MARCHITA — 181

Paisaje insular o la cultura del salitre: coordenadas de un naufragio	183
Nowhere: una vida en otra parte	194
Arte y naturaleza: el reposo de la mirada	199
Diego Santanelli o los cortejos del abismo	202
Alan Manuel González, catarsis ante el espejo	207
Sobrevida de un náufrago: el viaje interminable de Arturo Prins	214
Luis Vega, los instantes del agua	220

Capítulo VI
En zigzag por el reino de lo estético — 225

Arte en el aeropuerto, un jardín de obediencia	227
José Parlá, domador de palimpsestos	230
Efrén Isaza, zonas de *glamour*	235
Almas gemelas: la complicidad del arte	239
Los caprichos nocturnos de Ken Nintzel	244
Germán Botero: excavaciones de un milagro	250
Ciertas sombras femeninas	255

www.ingramcontent.com/pod-product-compliance
Lightning Source LLC
Chambersburg PA
CBHW020634220526
45464CB00001B/145